ACADEMIA SOCIETY 杉田 米行 監修

NO.4

英語で現代中国・アジアを多角的に読む

The Nikkei Weeklyを活用した プラクティカル・イングリッシュ・トレーニング

川村 亜樹 編著

大学教育出版

はじめに

現在、日系企業が海外展開（特に、中国及びアジア諸国）を推し進めるなか、グローバル人材への需要が大いに高まっている。言うまでもなく、彼らに求められる第1のスキルはやはり英語力である。このニーズに応えるべく、本書はPractical English（実用英語）教材として、英語をとおして中国、アジアに関連するリアルタイムの注目ニュースを入手し、ビジネスに活かす能力をトレーニングする機会の提供を目的としている。具体的には、日本経済新聞社の週刊英字新聞『日経ウィークリー』*The Nikkei Weekly* のアジア欄から15の記事を取り上げ、語彙力、構文把握力、要約力の強化と、中国、アジア経済に関連する背景知識の積み上げを目指している。

特に、英語をやり直したい社会人、あるいは、ベーシックレベルの大学生用のリメディアル教材としても活用できるよう、難しいと思われる箇所では文法および構文を丁寧に説明し、要約力強化を意識した内容把握問題を設定している。また、内容に関しても読み物としての充実を図っている。中国の新5カ年計画では、エネルギー問題対策、技術開発促進、サービス産業振興といったテーマが掲げられている。本書はこれらの課題に対する中国の具体的な取り組みをみていくとともに、台湾、韓国、北朝鮮、インド、ベトナム、シンガポールといったアジア各国と同国の経済的側面での関係にも焦点を当てている。そして、今の中国を読み解くための、グーグル問題や台中関係改善などの基本的知識と、中国資本による東南アジアのダム建設や、ベトナムのベンチャー企業による中国進出というような、あまり日本では紹介されていない情報をバランス良く取り上げている。全体構成としては、これまでビジネス紙に親しむ機会が少なかった人々にも抵抗なく本書を開いてもらえるよう、第1～4章ではソフト産業や起業家に関する記事を扱う。本書の核となる第5～9章では今後の中国にとっての重要課題を確認する。そして、第10～15章において、中国を視野に収めたアジア各国の動向に目を向ける。

The Nikkei Weekly は、主に日本経済新聞、日経産業新聞、日経MJ、日経ヴェリ

タス4誌から厳選された記事の抄訳で構成されている。効率的な情報収集のためのツールとしてだけでなく、日本事情を英語で伝える、あるいは、海外事情に対する日本の反応を英語で表現するためのお手本にもなり、日本出身のビジネスパースンが、グローバルなビジネスシーンでコミュニケーションする際の話題探しと表現の仕方を習得するために大いに役立つにちがいない。2010年には「日経ウィークリー・プロジェクト」がスタートし、本紙を用いた英語トレーニングは、大学はもちろん、社会人向け英語スクールや高校などにも普及しつつある。英字新聞を開くことが日本の日常的なライフスタイルの一部となる時代がやってくるのも、そう遠くはないだろう。本書の刊行にあたっては、大阪大学の杉田米行先生、大学教育出版様に大変お世話になった。厚く御礼申し上げたい。

2012年1月

編著者

英語で現代中国・アジアを多角的に読む

——*The Nikkei Weekly* を活用した
プラクティカル・イングリッシュ・トレーニング——

目　次

CONTENTS

はじめに　1

本書の使い方　6

CHAPTER 1：Fashion-conscious Chinese women look to Japan　16
(流行に敏感な中国人女性は日本に注目)

CHAPTER 2：Expected 'Disney effect' boosts hopes in Shanghai　26
(「ディズニー効果」に上海の期待は高まる)

CHAPTER 3：Asia exporting content to ... Asia　36
(アジアのコンテンツ輸出先は…アジア)

CHAPTER 4：Young China execs challenge world　46
(中国の若き起業家が世界に挑む)

CHAPTER 5：Net controls may affect more Asians　56
(アジア諸国にネット規制拡大の懸念)

CHAPTER 6：China debates 'unbalanced' growth　66
(中国がバランスに欠けた経済成長を議論)

CHAPTER 7：China to seek bullet train patent　78
(中国が高速列車の特許権を求める)

CHAPTER 8：China on SE Asia dam-building binge　88
（東南アジアでのダム建設をめぐって中国は大騒ぎ）

CHAPTER 9：For China, future is still nuclear　98
（中国の将来はいまだ原子力にかかっている）

CHAPTER 10：FTAs give Taiwan, S. Korea world　110
（FTA がもたらす台湾と韓国の世界）

CHAPTER 11：South Korean LCCs turn to international routes　120
（韓国の格安航空会社は国際線を目指す）

CHAPTER 12：China-North Korea projects raise eyebrows　130
（中国・北朝鮮のプロジェクトが注目を集める）

CHAPTER 13：India makes inroads in Africa　140
（インド、アフリカへ進出）

CHAPTER 14：Vietnamese firms making moves into Chinese market　150
（ベトナム企業、中国市場に進出）

CHAPTER 15：Singapore's PAP in reform mode　160
（シンガポール人民行動党、改変期へ）

略語一覧　169

本書の使い方

I. レベル別トレーニング

初級編

英語に自信がない。／これから英文経済紙を読みはじめる。

✓トレーニングのポイント

1. 語彙力増強

ベーシックレベルの学習者や、英文経済紙をこれから読みはじめる人は、まずは語彙を増やしたい。*The Nikkei Weekly* に限っていえば、各テーマの専門用語は別にして、基本的な言い回しは同じ単語・熟語が使用されているので、集中的に語彙を増やせば比較的楽に読めるようになるはずである。語彙の増やし方に関しては、もちろん自分に合った方法であればなんでもよいが、なかなか単語が覚えられない学習者に、あえてアドバイスするならば、

・単語カードやリストを作成するのではなく、テキストに蛍光ペンなどでマーキングする。
・1つの記事に意味がわからない単語が多い場合
　→まずは無理に覚えようとせず、飽きるほど数日にわたって眺める。
　1つの記事に意味がわからない単語がさほどない場合
　→2〜3分で集中して暗記する。

知らない単語は、語呂合わせのように何かと関連付けて覚えた方が、記憶にとどまりやすい。したがって、単語カードやリストを別に作成するよりは、テキストの文脈のなかで覚えていく方がよい。また、単語カードやリストを作成す

ることにエネルギーを使って勉強したつもりになっている人もいるが、その作業は勉強するための環境を整えたにすぎない。そうした時間は、覚えるために使った方が効率的なはずである。また、友人同士で問題を出しあうのもよいだろう。出題する側は自分が尋ねた単語をそう簡単には忘れないだろうし、出題される側は、答えられない場合、必死に思い出そうとすることで脳に刺激を与えることになり、思い出せなくても答えを聞くと、その単語は記憶にとどまりやすくなる。何度も繰り返し触れることが大切である。

2. 精読→速読→再読

リーディング・スキルをレベルアップさせるには、速読（大意を把握する）と精読（文法にもとづき、構文を把握して、細かい表現までしっかり読む）両方のトレーニングをおこなう必要がある。速く読もうとする、つまり、1単語ずつではなく、可能な限り表現をかたまりで読むトレーニングに関しては、自分のレベルより少しやさしい方がよい。自分にとって難しい内容の文章を、読んだふりをして、読み飛ばしたところで意味がない。難しい場合には、英語原文と日本語訳を1文ずつ読み比べて、自分が分からない単語や文法を調べながら読まなくてはならない。それによって読み落としや読み間違えに気づくこともできる。1ページ読むのに1時間かかるということもあるかもしれない。汗をかいた分、必ずレベルアップするはずである。自分にとってやさしめの文章を、スピードを上げてたくさん読むことと、自分のレベルより少し難しい文章に挑戦すること、両方おこなうのが理想的なトレーニング・スタイルである。初級レベルでは、*The Nikkei Weekly* の速読は不可能なはずなので、まずは精読してしっかり内容を把握したのち、速読してみるとよい。速読用の文章が初めて見る文章である必要はない。知っている文章を再読することで、速読力を身につけていこう。繰り返すことで語彙力強化にもつながる。

- 精読と速読のバランスのとれたトレーニング
- 再読による速読力と語彙力強化

✓トレーニングの手順

1. 「この語（句）だけは覚えよう！」を見て、知らない単語は本文下の「語句」で確認する。
2. 「文法力・構文把握力を高めよう！」を読む。
3. 「語句」を参照しながら、記事原文とその日本語訳を 1 文ずつ見比べて精読する。
4. 記事原文のみを速読する。
5. 記事原文で知らなかった単語を蛍光ペンでマーキングする。
6. 「要約力を高めよう！」を解く。（解答は各章の最後にある。）
7. 記事原文でチェックした単語を暗記する。
8. 「ここに注目！」を読む。
9. 数日にわたり再読する。再読が大変なときは単語だけでも眺める。

中 級 編

辞書があればある程度は読める。／英文経済紙を開くことに抵抗感はない。

✓トレーニングのポイント

1. 弱点の発見と補強

「語句」を見ながらでもよいので、日本語訳にたよらず、まずは一通り記事原文を読んでみて、分からない箇所をチェックしよう。そして、そうした箇所を日本語訳も踏まえて理解できるまで集中的に精読してもらいたい。読めるものだけを読んでいては、いつまでたってもスキルは向上しない。

2. 文法の確認

ある程度英語が読める自信はあり、語句はわかっていても、*The Nikkei Weekly* をスラスラ読めない、あるいは、TOEIC で 600 点台は取れるが、リーディング・セクションを時間内に最後まで読めず、スコアが伸び悩んでいるという人が多いのではないだろうか。こうした人は、とにかく分量をこなして英文に慣れることも大切であるが、それと同時に基本的な文法がきちんと理解できているか確認し、抜け落ちがあれば補強していかなければならない。

3. 要約のための段落構成とキーワードの把握

英語での基本的な段落構成は以下のとおりである。*The Nikkei Weekly* もおおむねその流れで執筆されているので、記事原文を読む際には、目先の 1 文に右往左往するのではなく、段落構成を把握して、キーワードをチェックし、要約をしてみよう。

・序論　(Introduction)

テーマとそれに関する課題や問題を明確に示す。

話の方向性を示す。

・本論　(Body)

課題や問題をより詳しく説明する。

専門家の意見を紹介、引用する。

個別具体的なケース（現象や統計）を挙げて分析する。

上記3点をまじえて意見を述べる。

・結論　(Conclusion)

全体のポイントをまとめて、再度、意見を明確にする。

✓トレーニングの手順

1. 記事原文を読み、分からない箇所をチェックする。
2. 「文法力・構文把握力を高めよう！」を読む。
3. 「語句」を参照しながら、記事原文とその日本語訳を 1 文ずつ見比べて精読する。
4. 再度、記事原文のみを速読する。
5. 記事原文で知らなかった単語を蛍光ペンでマーキングして暗記する。
6. 「この語（句）だけは覚えよう！」で意味を思い出せない語句はないか確認する。
7. 「要約力を高めよう！」をたよりに、記事全体の段落構成を確認する。
8. 「ここに注目！」を読む。
9. 数日にわたり再読する。

上級編

辞書があれば英語、英文経済紙をスラスラ読める。

✓トレーニングのポイント

1. 人に教える立場での読み

速読、精読を意識せず、自分のペースで自然に読んでみて、構文や文法的に不明なすべての点を、本書の解説を参考にしてクリアーしよう。大意を把握できるというレベルではなく、英語が苦手な人にでも、責任を持って分かりやすく説明できるレベルに挑戦しよう。他者に内容をかいつまんで説明し、難しいと思われる箇所を自ら想定して解説できるようになれば、*The Nikkei Weekly* の情報をビジネスシーンで活用できるようになっているはずである。

2. 卒論・就活・ビジネスチャンス発見へ向けた読み

人に教える立場で読めるようになれば、次は、大学生であれば、卒論へ向けた研究テーマを探すことや、就活へ向けた業界・企業研究の一環として記事を読んでみよう。「ここに注目！」を踏まえ、他の情報媒体からも情報を得て、記事の内容を多角的に、かつ、批判的に読んでみよう。1つのテーマをめぐって、異なる意見や矛盾を探ってみると、今後取り組むべき課題が浮き彫りになり、卒論のテーマやビジネスチャンスを発見する可能性も出てくるはずである。

✓トレーニングの手順

1. 記事原文を読み、分からない箇所をすべてクリアーする。
2. 記事原文で知らなかった単語を蛍光ペンでマーキングして暗記する。
3. 英語が苦手な人に説明するつもりで、内容をまとめ、解説すべき難しい箇所を想定する。
4. 他の情報媒体からも情報を得て、記事のテーマについて意見の相違や矛盾を探る。
5. 4で発見した課題解決へ向けて、調査、研究する。

II. *The Nikkei Weekly* を読むうえで知っておきたい文法項目など

The Nikkei Weekly を読むうえで、文法に関しては高校までに学習する基本的な知識があれば問題はない。全章の「文法力・構文把握力を高めよう！」を理解すれば、特に必要な英文法の項目は一通り習得できるはずである。本書でのトレーニングを機に英語を「なんとなく」読むことから卒業しよう。初級・中級レベルの人は、大項目として以下をまず理解しておこう。

1. 時制（進行形）

例）Ma's administration <u>will</u> shortly start formal talks with Singapore on a free trade pact as well. South Korean firms <u>have been watching</u> the <u>growing</u> ties across the Taiwan Strait with alarm. But although South Korea appears to have fallen behind Taiwan in its economic cooperation with China, its FTA strategy <u>is leading</u> the region.（Chapter 10）

新聞はリアルタイムな情報を伝えるための媒体であるので、（近い）将来の計画や、5 行目などのように現在進行形の文章が頻繁に出てくる。計画は plan to、be scheduled to、be expected to などで表現されることが多いが、現在進行形で確定的な近い未来を表すこともある。その一方で、単純未来の will は不確定な未来を表す。2 行目のような現在完了進行形（過去の 1 時点から、いま現在までの継続している動作を表す）にも慣れておこう。また、動詞の ing 形は、進行形以外に、動名詞（名詞の働きをする）、分詞（2 行目の growing のように形容詞の働きをして名詞を修飾する）、分詞構文（以下参照）もあるので、常に識別できるようにしておこう。

2. 動名詞・分詞

例）It also aims to start providing better-quality and more expensive coffee ....
（Chapter 14）

Narrowing the trade gap is the top policy priority for the government along with curbing inflation.（Chapter 14）

Fruits are also promising exports.（Chapter 14）

1 文目の動詞の目的語 providing、2 文目の主語 narrowing は動名詞で名詞の働きをする。「…すること」と訳すと分かりやすい。また、2 文目の curbing によように、前置詞の目的語としての動名詞もある。その一方、分詞は形容詞の働きをして名詞を修飾する。3 文目の promising は exports を修飾する現在分詞。

3. 分詞構文

例）Taking advantage of this, / President Zhang Jindong, 47, of Suning Appliance Co. pushed his firm past Gome and become China's top retailer, / opening over 400 new outlets in 2010.（Chapter 4）

Taking…this は分詞構文で、この例文全体のメインの情報となる主文 President …retailer を取り巻く状況を補足説明している。また、opening 以下は、「そして 2010 年に新たに 400 店舗以上をオープンした」という意味であるが、このような主文のあとに出てくる分詞は「…。そして～」と訳せばよい。…が主文の内容。～が動詞 ing 以下の内容。*The Nikkei Weekly* を読むうえで、分詞構文を避けて通ることはできない。各章の「文法力・構文把握力を高めよう！」でより詳しく説明しているので、苦手意識のある人もしっかりマスターしよう。

4. 関係詞節

例）South Korean LCCs, which have used low fares to steadily gain ground on key domestic routes, are poised to go on the offensive internationally.
（Chapter 11）

企業名や専門用語などを補足説明するために、非制限用法の関係詞節（コンマではさまれた関係詞を含む文）が *The Nikkei Weekly* には頻繁に出てくる。

5. 付帯状況を説明する前置詞（with）

例）With construction set to begin soon, / expectations are rising in China about the potentially positive economic impact of Shanghai Disneyland, which is scheduled to open in 2014 at the earliest.（Chapter 2）

前置詞句（文ではない言葉のかたまり）ではじまる文章が *The Nikkei Weekly* には頻繁に出てくる。この文全体のメイン の情報となる主文は expectations… Disneyland であるが、その付帯的状況説明を With…soon がおこなっている。

6. 数字に強くなろう

million	1,000,000	（100 万）
billion	1,000,000,000	（10 億）
trillion	1,000,000,000,000	（1 兆）

about, roughly, approximately （およそ, 約）

III. おすすめインターネットサイト、テレビ

✓インターネットサイト

・*The Nikkei Weekly* 公式サイト（講習会やテキスト案内も随時掲載）
https://www.nikkei4946.com/sb/j_index/index.asp?c=w3

・ラジオ Nikkei（特定の記事の詳しい英単語、英語表現の解説がある）
http://www.radionikkei.jp/lr/

・英辞郎（ビジネス英語の表現を調べるときにも役立つ）
http://www.alc.co.jp/

・毎日中国経済（中国のビジネスリーダーが収集する情報を日本語で配信）
http://www.xinhua.jp/

・bloomberg（世界の最新金融情報の日本語サイト）
http://www.bloomberg.co.jp/

✓テレビ

・ワールドビジネスサテライト
（優良放送番組推進会議による報道番組ランキング１位獲得）
東京テレビ系列 平日 23:00～
ネットサイト：http://www.tv-tokyo.co.jp/wbs/

CHAPTER 1

Fashion-conscious Chinese women look to Japan

① BEIJING—Relations between Japan and China may be chilly and the older generation may still carry a grudge, but Chinese youth are warming to Cool Japan. What is more, Chinese women with money to spend and a taste for fashion want to model themselves on the styles of Japan, not the West. That is why some of the top 10 fashion magazines in China are translated versions of Japanese magazines, and why Japanese television dramas are posted on video-sharing Web sites with Chinese subtitles just days after they air.

② It is also why the Japanese-operated beauty parlor bangs hair salon does such a brisk business at its location in a pricey neighborhood of Beijing. Every day some 30 women visit the salon requesting hairstyles they think would look good from the four Japanese hairstylists working there. The cuts cost 350-400 yuan, which works out to a pricey ¥4,400 to ¥5,000 or so.

③ Two-thirds of the customers are middle-income and wealthy women in their late 20s to early 30s, but men also get their hair cut there. A college couple who recently went together said they had had a great experience. "Japan is the trendsetter for Asia and we just wanted to try out Japanese-style haircuts. It felt wonderful having a haircut in such a quiet, stylish environment."

語句）fashion-conscious 流行に敏感な、relation 関係、chilly 冷ややかな、carry a grudge 恨みを持つ、warm to （〜に対して）好意をよせる、what is more さらには、a taste for 〜の好み、model oneself on 〜を手本とする、translate 〜を翻訳する、video-sharing website 動画共有サイト、subtitle 字幕、air 〜を放送する、operate 〜を経営する、do a brisk business （商売が）繁盛している、pricey neighborhood 高級住宅地

CHAPTER 1

流行に敏感な中国人女性は日本に注目

① 北京——日中関係は冷え込み、古い世代にはまだ、わだかまりがあるかもしれないが、中国の若者はクール・ジャパンに好意をよせている。さらに、お金があってファッションが好きな中国人女性は、欧米ではなく日本のスタイルをお手本にしたがる。そのため、中国のファッション誌の上位 10 誌には、日本の雑誌の翻訳版が含まれ、また日本のテレビドラマは、放送後ほんの数日足らずで、動画共有サイトに中国語の字幕付きで投稿される。

② 日本人が経営する美容室バングスヘアサロンが、北京の高級住宅地に店舗を構えて成功しているのもこのためだ。連日およそ 30 人の女性がその美容室を訪れ、そこで働く 4 人の日本人スタイリストに、自分に似合いそうな髪型を頼む。料金は 350〜400 元で、日本円だと約 4,400〜5,000 円というかなりの額になる。

③ 顧客の3分の2が20代後半から30代前半の中間所得層で裕福な女性だが、男性もまたその美容室で髪を切ってもらう。最近そこを一緒に訪れた大学生カップルは、すばらしい体験をしたと言う。「日本はアジアのトレンドセッター（流行を発信する国）なので、私たちは日本のカットを試してみたかったのです。あんなに静かでおしゃれな雰囲気で髪を切ってもらって、最高の気分でした。」

語句） yuan 元（中国の通貨単位）、work out to （合計が）〜になる、customer 顧客、middle-income 中間所得層の、wealthy 裕福な、in one's 20s（年齢が）20 代で、trendsetter 流行を作り出す人、try out 〜を試してみる

④ When bangs hair salon opened in July 2004 only a handful of beauty salons in Beijing were Japanese-operated stores. But now there are more than 10, and there are also Chinese-operated shops that look like Japanese beauty salons and offer Japanese-style services.

⑤ "The shops are all popular because people aspire to the polished look of Japanese fashion and get a sense of trust from the Japanese-style service," explained bangs hair salon company President.

⑥ The rapid economic growth that China has experienced over the past several years has awakened a growing interest in fashion among women. There are now roughly 70 fashion magazines published in China, and among the top 10 are translated versions of Japanese fashion magazines.

⑦ According to one local market survey company, Ray, published by Shufunotomo Co., was printed in a run of around 980,000 copies and ViVi, published by Kodansha Ltd., in around 638,000 copies as of December. Both magazines sell for 20 yuan a copy, and both include special pages with spreads featuring Chinese models in addition to the direct translation of the magazine coming out of Japan.

⑧ "The Western magazines are full of Caucasian models," noted one 28-year-old reader of Ray. "But the Japanese models have figures and black hair just like us, so the way they dress and the cosmetics they use serve as examples."

語句）a handful of 少数の、aspire to ～を熱望する、polished 洗練された、rapid 急速な、awake ～を呼び起こす、roughly おおよそ、survey 調査、run 印刷部数、as of ～現在で、include ～を含む、spread 見開き、特集記事、feature ～を特集する、in addition to ～に加えて、out of ～から、Caucasian 白人の、figure 体形、serve as ～として役立つ

④ バングスヘアサロンが2004年の7月にオープンしたとき、日本人経営の美容室は北京には数えるほどしかなかった。しかし今やその数は10店舗以上になり、日本の美容室風で、日本スタイルのサービスを提供する中国人経営の店もある。
⑤ 「中国の人々は洗練された日本のファッションに憧れており、日本スタイルのサービスに信頼感を持っているので、店は大変人気があります」とバングスヘアサロンの社長は説明した。
⑥ 中国がここ数年経験してきた急激な経済成長は、ファッションへのさらなる関心を女性たちの間に呼び起こした。今や中国ではおよそ70のファッション誌が出版され、その上位10誌に日本のファッション誌の翻訳版が入っている。
⑦ 地元の市場調査会社によると、12月現在で、主婦の友社出版の『Ray』は約98万部、講談社の『ViVi』は約63万8,000部印刷されたという。この2つの雑誌は1冊20元で売られ、日本で出版された雑誌の直訳に加えて、中国人モデルの特集記事を掲載した特別ページを収録している。
⑧ 「欧米の雑誌は白人モデルであふれています」と28歳の『Ray』の読者は言う。「でも日本人モデルはちょうど私たちのような体形で黒髪なので、着こなしや彼女たちが使っている化粧品はお手本として役に立ちます。」

⑨ In addition to reading Japanese magazines to learn about fashion, this woman also watches Japanese TV shows. Japanese TV dramas are quickly posted to video-sharing Web sites with Chinese subtitles where anyone with a computer can watch them for free. "The dramas are fun to watch, but I also study them to learn about fashion," she said matter-of-factly.

⑩ There is a school for fashion modeling on the outskirts of Dalian called the Dalian Model Art School which has turned out more than 150 professional models so far. "To produce models that can be accepted out in the world of fashion, we employ the excellent techniques of Japan to train our students about skin care," explained the school principal.

⑪ For hair, for fashion and for cosmetics, Chinese women, be they regular people or professional models, are keeping one eye trained on the styles coming out of Japan.

January 17, 2011

語句）matter-of-factly 冷静に、outskirts 郊外、turn out ～を訓練する、世に送り出す、so far 今までのところ、accept ～を受け入れる、employ ～を利用する、principal 校長、keep an eye on ～から目を離さないでいる

TRAINING

I. この語（句）だけは覚えよう！（日本語の意味を答えよ。解答は語句にある。）

＜Step 1＞

1. translate ________________
2. trendsetter ________________
3. aspire to ________________
4. polished ________________
5. rapid ________________
6. survey ________________
7. serve as ________________
8. accept ________________
9. employ ________________
10. principal ________________

⑨ この女性は、ファッションを学ぶために日本の雑誌を読むだけでなく、日本のテレビ番組も観ている。日本のテレビドラマは、中国語の字幕付きですぐに動画共有サイトに投稿され、パソコンがあれば誰でもそれを無料で視聴できる。「ドラマを観るのは楽しいですが、ファッションを学ぶためにそれを研究してもいるのです」と彼女は当然のことのように語った。

⑩ 大連の郊外には大連モデル芸術学校というファッションモデルの学校があり、これまで150人以上のプロのモデルを輩出してきた。「ファッションの世界で認められるモデルを生み出すために、スキンケアについて学生を指導する際には日本の優れた技術を取り入れています」と校長は説明した。

⑪ 髪形、ファッション、そして化粧品のために、中国人女性は、一般人あるいはプロのモデルであれ、日本から発信される流行に専門家のような眼差しを向けている。

2011年1月17日

<Step 2>

1. carry a grudge ____________________
2. warm to ____________________
3. subtitle ____________________
4. do a brisk business ____________________
5. yuan ____________________
6. work out to ____________________
7. roughly ____________________
8. as of ____________________
9. outskirts ____________________
10. keep an eye on ____________________

II. 要約力を高めよう！

1. 中国の若者が日本の流行をチェックする際に活用している具体的なメディアを挙げよ。
2. バングスヘアサロンや日本の雑誌の人気に見られるように、中国の若者が欧米ではなく日本のファッションを好むのはなぜか。
3. 中国人女性がファッションに対してますます興味を持つようになったのはなぜか。その社会的背景を挙げよ。
4. 大連モデル芸術学校で取り入れられている日本の技術とは何か。

III. 文法力・構文把握力を高めよう！

1. What is more, // Chinese women / with money to spend and a taste for fashion // want to model themselves on the styles of Japan, not the West.
（第1段落）

解説）文全体の主語と述語動詞を見きわめよう。述語動詞はいつも主語の直後にあるとは限らない。この文の主語は Chinese women で、with…fashion が補足説明をしており、述語動詞は want である。次の文の主語と述語動詞も考えてみよう。

The rapid economic growth / that China has experienced over the past several years // has awakened a growing interest in fashion among women.（第6段落）
主語は The rapid economic growth で、that…years（that は関係代名詞）が先行詞 growth を補足説明している。したがって、述語動詞は has awakened である。

2. That is why some of the top 10 fashion magazines in China are translated versions of Japanese magazines, and why Japanese television dramas are posted on video-sharing Web sites with Chinese subtitles just days after they air.
（第１段落）

解説）１行目、That is (the reason) why は、「そういった理由で、そのため」という意味で、the reason は省略されることが多い。2行目の and why は、and (that is) why の that is が繰り返しを避けて省略されている。

3. Every day / some 30 women / visit the salon // requesting hairstyles (that) <they think> would look good / from the four Japanese hairstylists / working there.（第２段落）

解説）主語は women で、述語動詞は visit。requesting は分詞である。hairstyles と they の間に主格の関係代名詞が省略されており、they think は挿入。working there は hairstylists を修飾する分詞である。

4. Two-thirds of the customers are middle-income and wealthy women in their late 20s to early 30s, but men also get their hair cut there.（第３段落）

解説）分数の表現方法を覚えよう。two thirds は３分の２。３分の１は a (one) third。分子は基数（one, two, three, …）、分母は序数詞（third, fourth, fifth, …）で表し、分子が２以上の場合は分母の序数詞に複数形の s をつける。ただし、２分の１は a half、４分の１は a quarter。

5. A college couple / who recently went together // said / they had had a great experience.（第３段落）

解説）had had は過去完了形（had＋動詞の過去分詞）。過去完了形は、過去形で表されている動作よりも前に起こった動作を表すときに使う。この文の場合、「すばらしい体験をした」ことが、said（say の過去形）より以前の動作なので、過去完了形が用いられている。

6. According to one local market survey company, // Ray, published by Shufunotomo Co., / was printed in a run of around 980,000 copies // and ViVi, published by Kodansha Ltd., / (was printed) in around 638,000 copies as of December.（第 7 段落）

解説） 文中の省略に気を付けよう。英語では同じ表現の繰り返しを避ける傾向があり、この文でも『ViVi』の述語動詞 was printed が省略されている。

7. ... the Japanese models // have figures and black hair / just like us, /// so the way they dress and the cosmetics / they use // serve as examples.（第 8 段落）

解説） the way と they の間に how を補うと分かりやすい。cosmetics と they の間に目的格の関係代名詞が省略されている。

8. For hair, for fashion and for cosmetics, / Chinese women, / be they regular people or professional models, / are keeping one eye trained on the styles coming out of Japan.（第 11 段落）

解説） be…models は命令文を用いた譲歩表現で、主語 Chinese women を補足説明している。「be…A or B」で「…が A であれ B であれ」という意味。したがって、上を訳すと「たとえ彼らが、一般人であれプロのモデルであれ」となる。また、現在分詞と過去分詞は、名詞の直前か直後に置くと、形容詞としてその名詞を修飾できることも覚えておきたい。trained は直前の名詞 one eye を、coming は the styles をそれぞれ後ろから修飾している。

IV. ここに注目！

クール・ジャパン（Cool Japan）とは、グローバルに評価され、流行している日本の文化、コンテンツであり、アニメやファッションなどのポップ・カルチャーから、料理や武道などの伝統文化にまで及ぶ。経済産業省の HP では、官民有識者会議の提言にもとづく「クール・ジャパン／クリエイティヴ産業政策」が紹介されている。特に、戦略推進事業として、「Harajuku Street Style in

Singapore」（シンガポール）、「吉本メディアを活用した中国進出中国支援プロジェクト」（中国）、「明日を最高に楽しい日にする「ニッポンの日常品」プロジェクト」（フランス）、などが挙げられている。ファッション関係で *The Nikkei Weekly* が取り上げたニュースでは、5月7日に北京で開催された「東京ガールズ・コレクション」がある。HP の HISTORY では、これまでの北京やパリでの、「ファッショナブルでリーズナブルな日本のリアルクローズを、アジアをはじめとした世界中に向けて発信」する 同コレクションの模様を閲覧できる。
http://www.meti.go.jp/policy/mono_info_service/mono/creative/index.htm（クール・ジャパン／クリエイティヴ産業政策）

II. 要約力を高めよう！（解答）

1. 中国では、日本のファッション誌やテレビドラマの人気が高まっており、テレビドラマは動画共有サイトでも視聴可能である。したがって、正解は雑誌、テレビ、インターネットとなる。（第1段落）
2. 日本はアジアのトレンドセッターであり、日本の美容室のサービスは信頼でき、日本人は自分たちと容姿が似ていて参考にしやすいため。（第3・5・8段落）
3. 中国は近年経済の急成長を経験しており、ファッションにお金を使うことができる女性が増えてきている。（第6段落）
4. スキンケアが正解。また、第8段落にも、『Ray』の読者が日本人モデル使用の化粧品を参考にしているという記述がある。（第10段落）

CHAPTER 2

Expected 'Disney effect' boosts hopes in Shanghai

① SHANGHAI—With construction set to begin soon, expectations are rising in China about the potentially positive economic impact of Shanghai Disneyland, which is scheduled to open in 2014 at the earliest. In late November, Walt Disney Co. of the U.S. signed an agreement on the Shanghai Disneyland Resort project and the city announced a plan to develop a resort district in the area around the planned site. Amid growing anxiety about an economic slowdown and the end of Expo 2010 Shanghai China, Chinese interest in the potential economic impact of the new theme park is only growing.

② On Nov. 5, Disney concluded the theme-park agreement with a state-run liaison firm partly owned by the city, and revealed that it has been making progress with the Chinese government's approval process. Once it secures the official go-ahead, Disney will set up a joint venture to build and operate the park. It will then quickly start construction in the Chuansha Xinzhen district of Pudong New Area, about 50 minutes by car from downtown Shanghai.

語句）boost ～を高める、construction 建設工事、be set to ～することになっている、expectation 期待、potentially 潜在的に、positive economic impact 経済（のプラス）効果、be scheduled to ～する予定である、at the earliest 早ければ、agreement 契約、district 地区、amid ～の真っただ中で、economic slowdown 景気後退、theme park テーマパーク、conclude （契約を）結ぶ、state-run 国営の、liaison 連絡、firm 企業

CHAPTER 2

「ディズニー効果」に上海の期待は高まる

①上海――まもなく建設着工される上海ディズニーランドの潜在的なプラスの経済効果への期待が、中国で高まりをみせている。早ければ、2014年にオープンする予定である。11月下旬に、米ウォルト・ディズニー社は上海ディズニーランド・リゾート・プロジェクトの契約を結び、上海市は建設予定地周辺の地域において、リゾート地の開発を計画していると発表した。景気後退への不安が高まり、2010年上海万博も幕を閉じた今、新しいテーマパークの潜在的な経済効果に対する中国の関心は増すばかりだ。

②11月5日、ディズニー社は上海市が一部所有する国営のリエゾン企業（交渉をおこなう企業）とテーマパークの契約を結び、中国政府から認可を得る段階まで来ていることを明らかにした。正式にゴーサインが出れば、同社はディズニーランドの建設と運営を行う合弁会社を設立する。その後、上海中心街から車でおよそ50分のところにある浦東（ほとう）新区の川沙新鎮（せんさしんちん）地区で、直ちに建設に着手する予定だ。

語句）own ～を所有する、reveal ～を明らかにする、make progress 進展する、approval 承認、secure ～を手に入れる、go-ahead 開始の許可、set up ～を設立する、joint venture 合弁事業

③ The city has already completed the land acquisition process. The first phase of construction will focus on the development of a 3.9-sq.-km plot of land. The Disneyland theme park itself will cover 1.16sq. km, while the remaining 2.74sq. km will host related commercial buildings, hotels, parking lots and other facilities. First-phase investment has been projected at around 25 billion yuan. The project will eventually expand to cover 7sq. km in the second phase and later stages.

④ Concerns about an economic slowdown have intensified in China since the closing of the Shanghai Expo, which the government designated as a national project. This is why the Shanghai municipal government is eager to use Shanghai Disneyland as a new economic growth engine. It is also why the theme-park agreement and the planned resort district were announced immediately after the end of the Expo.

⑤ Disneyland and the adjacent resort district will cover roughly 20sq. km, while related road networks will extend the entire development area to a total of 107sq. km. This massive project, which will require an investment of 171.5 billion yuan once subway lines and other transportation infrastructure are factored in, is sure to rekindle economic hopes in the city.

⑥ Disneyland and the resort district are expected to attract 30 million visitors per year and more than 6 billion yuan in admissions alone.

語句）complete ～を完了する、acquisition 買収、phase 段階、focus on ～を重点的に取り扱う、plot 区画、cover ～にわたる、及ぶ、remaining 残りの、host ～を主催する、commercial 商業の、parking lot 駐車場、facility 施設、investment 投資、project ～と見積もる、eventually ゆくゆくは、結局は、expand 拡大する、later あとの、concern 心配、intensify 強くなる

③ 上海市は、すでに用地買収を終えている。建設の第1段階では、敷地内の3.9 ㎢区画の開発を重点的におこなう。ディズニーランドのテーマパーク自体は、1.16 ㎢だが、残りの 2.74 ㎢には、関連の商業ビル、ホテル、駐車場、その他施設が建設される。第1段階の投資額は、約 250 億元と算定されている。このプロジェクトは、ゆくゆくはさらに拡大し、第2段階以降では 7 ㎢に及ぶだろう。

④ 政府が国家プロジェクトと銘打った上海万博の閉幕以降、中国では景気後退への懸念が強まっている。そのため、上海市政府は、上海ディズニーランドを新たな経済発展の原動力として活用したい考えだ。テーマパークの契約や計画上のリゾート地が万博の閉幕直後に発表されたのも、そうしたねらいからである。

⑤ ディズニーランドと隣接したリゾート地は、およそ 20 ㎢にわたる一方で、それに関連した道路網は、開発地全体を、延べ 107 ㎢にまで広げる予定である。この大規模なプロジェクトは、地下鉄線や他の交通インフラを考慮に入れると、1,715 億元の投資が必要になり、市経済への期待を再燃させることは確かだ。

⑥ ディズニーランドとリゾート地は、年間で 3,000 万人の来場者を呼び、入場料だけでも 60 億元以上をもたらすと見込まれている。

語句）designate A as B　A を B と呼ぶ（本文では、A は関係代名詞の先行詞）、municipal government　市政（庁）、be eager to　～したがっている、immediately　すぐに、adjacent　隣接した、extend　～を広げる、entire　全体の、massive　大規模の、transportation infrastructure　交通インフラ、factor in　～を考慮する、rekindle　～を再燃させる、attract　～を呼び込む、admission　入場料

⑦ The stock market showed the first sign of a response to the potential Disney effect. Local newspapers reported that since November, share prices have been rising at all 25 companies related to the Disneyland Resort project, including shares of the Jin Jiang International (Group) Co., which runs a leading hotel chain, as well as the Shanghai Airport Authority's stock. Property prices for sites close to the proposed theme park have also been rising quickly, reports said.

⑧ While Shanghai Disneyland has lifted hopes in the city, concerns have also been raised about possible competition with Hong Kong Disneyland. Disney remains confident that any rivalry between the two sites will not be an important factor due to the immensity of China's population of 1.3 billion, four times that of the U.S.

⑨ Although it is still unclear whether the Disneyland project will deliver as expected, the plan has at least brightened the gloomy, post-Expo atmosphere hanging over China and the Shanghai economy, which is so pervasive that it prompted one municipal government executive to recently predict that the city "will enter its worst phase in 15 years in 2011."

December 13, 2010

語句）stock market 株式市場、response 反応、share 株（share price 株価）、run ～を運営する、leading 一流の、property 不動産、proposed 提案された、raise ～を上げる（rise 上がる）、competition 競争、confident ～を確信している、rivalry 競争（関係）、due to ～の理由で、immensity 莫大、whether ～かどうか、deliver（期待に）こたえる、brighten ～を明るくする、gloomy 陰鬱な、atmosphere 雰囲気、空気

⑦ 株式市場は、ディズニー効果の可能性への反応のきざしを初めて見せた。地元の新聞によると、11 月以降、ディズニーランド・リゾート・プロジェクト関連、全 25 社の株価が上昇しており、そのなかには上海空港公社の株だけでなく、一流ホテルチェーンを運営している錦江（ジンジャン）・インターナショナル・グループの株も含まれているという。また報道によると、計画中のテーマパークに近い土地の価格も急上昇しているという。

⑧ 上海ディズニーランドは市の期待を高めているが、香港ディズニーランドとの間に起こりうる競争に対して不安の声も挙がっている。ディズニー社は、アメリカの 4 倍にあたる 13 億人という中国の莫大な人口を理由に、2 つのディズニーランドの競争は重要な要素にはならないとの強気の姿勢を維持している。

⑨ ディズニーランド・プロジェクトが期待通りの成果を挙げるかどうかはまだ不明だが、この計画は中国や上海経済に立ちこめる万博後の重苦しい雰囲気を少なくとも明るくしてきてはいる。だが、（暗い）雰囲気はかなり蔓延しているため、最近、上海市政府高官の 1 人は、市が「2011 年にはここ 15 年間で最悪の段階に入るだろう」と予測している。

2010 年 12 月 13 日

語句）hang over（～の上に）漂っている、pervasive 蔓延している、prompt ～を促す、executive （官庁などの）高官、recently 最近、predict ～と予測する

TRAINING

I. この語（句）だけは覚えよう！

＜Step 1＞

1. construction ____________________
2. reveal ____________________
3. acquisition ____________________
4. facility ____________________
5. expand ____________________
6. concern ____________________
7. admission ____________________
8. confident ____________________
9. prompt ____________________
10. predict ____________________

＜Step 2＞

1. boost ____________________
2. economic slowdown ____________________
3. state-run ____________________
4. liaison ____________________
5. joint venture ____________________
6. municipal government ____________________
7. adjacent ____________________
8. stock market ____________________
9. property ____________________
10. pervasive ____________________

II. 要約力を高めよう！

1. 上海ディズニーランド建設に対して、どのような期待が寄せられているか。
2. 建設の第１段階では何が行われるか。
3. 上海ディズニーランド建設に対し、株式市場はどのような反応を示したか。
4. 上海ディズニーランド建設に対して、どのような懸念が広がっているか。

III. 文法力・構文把握力を高めよう！

1. With construction set to begin soon, // expectations are rising in China about the potentially positive economic impact of Shanghai Disneyland, / which is scheduled to open in 2014 at the earliest.（第１段落）

解説）with は「状況的理由」で、「…なので」という意味。この用法は、「with＋目的語＋補語」のかたちをとり、目的語を主語のように、補語を述語動詞のように訳す。construction が目的語、動詞 set の過去分詞形が補語になっている。したがって、「その建設がまもなく始まることになっているので」となる。

2. Once it secures the official go-ahead, // Disney will set up a joint venture to build and operate the park.（第 2 段落）

解説）once には「一度」や「かつて」といった意味の副詞以外に、この文のように「いったん…すると」という意味の接続詞の働きもある。it は Disney を指し、「ディズニー社は、いったん正式な開始許可を得ると」という意味になる。次の文にも同じ接続詞 once が使われている。

This massive project, / which will require an investment of 171.5 billion yuan / once subway lines and other transportation infrastructure are factored in, // is sure to rekindle economic hopes in the city.（第 5 段落）

3. The Disneyland theme park itself will cover 1.16sq. km, / while the remaining 2.74sq. km will host related commercial buildings, hotels, parking lots and other facilities.（第 3 段落）

Disneyland and the adjacent resort district will cover roughly 20sq. km, / while related road networks will extend the entire development area to a total of 107sq. km.（第 5 段落）

解説）2 つの文の while は「…している間に」ではなく、前の文を受けて「その一方で…」と訳す。もう 1 つ while を使った文を見てみよう。

While Shanghai Disneyland has lifted hopes in the city, / concerns have also been raised about possible competition with Hong Kong Disneyland.（第 8 段落）

ここでは while が文頭に来ており、although のように「…だけれども」と訳す。したがって、「上海ディズニーランドは市の期待を高めてきているが」という意味になる。while が文のどの位置にあるかで訳し分けが必要になるので注意しよう。

4. Disney remains confident // that any rivalry between the two sites / will not be an important factor / due to the immensity of China's population of 1.3 billion, four times that of the U.S.（第８段落）

解説）「…倍」の表現を覚えておこう。1倍 once、2倍 twice、3倍 three times で、下線部の four times は4倍という意味。続く that は、前の population を指す。13億人という中国の人口は、アメリカの人口の4倍であるということ。「…倍」の表現は、原級比較「as＋原級＋as」とともに用いられることもある。その場合、China's population is four times as large as that of the U.S. というように、「…倍」の表現は「as＋原級＋as」の直前に置かれる。

5. Although it is still unclear / whether the Disneyland project will deliver as expected, // the plan has at least brightened the gloomy, post-Expo atmosphere / hanging over China and the Shanghai economy, / which is so pervasive that it prompted one municipal government executive to recently predict that the city "will enter its worst phase in 15 years in 2011."（第９段落）

解説）1行目の it は仮主語で whether…expected を指す。gloomy は形容詞で atmosphere を修飾し、分詞 hanging…economy も atmosphere を後ろから修飾している。which の先行詞も atmosphere で、「so＋形容詞＋that…」は「とても（形容詞）なので…」と訳す。そして、その直後の it も atmosphere の代名詞である。「prompt＋人＋to 動詞」は「人が（動詞）するよう促す」という意味で、4行目の副詞 recently は動詞 predict を修飾している。副詞は、動詞、形容詞、副詞、文全体を修飾する。

IV. ここに注目！

2005年にオープンした香港に続き、中国本土初となる上海ディズニーランド建設にあたって、ウォルト・デイズニー・カンパニーの CEO、ロバート・アイガーは「クラッシックなディズニーのキャラクターや物語と、中国の独自性や美を融合した、世界的な家族向けリゾートになるだろう」と話している。

経済・金融情報配信などを手掛けるアメリカの総合情報サービス企業、ブルームバーグの記事で、復旦大学の沈丁立教授は、「中国はソフト・パワーの促進に懸命であり、ハリウッドの力で、自国の文化やシステムを発展させようという政治的目的に、この共同制作を役立てようとしている」と述べている。このプロジェクトに関しては、経済刺激策に加え、文化政策という観点からも目が離せない。また、海外からの中国への直接投資が増えるなか、スターバックスは2011年5月時点で35都市での店舗運営をおこなっていたが、それを70都市に増やす計画をしていることも注目に値する。

http://en.shanghaidisneyresort.com.cn/en/（上海ディズニーランドHP）

http://www.bloomberg.com/news/2011-08-21/bruce-willis-sees-future-in-china-as-1-000-screens-a-year-lure-hollywood.html（上海ディズニーランドに関する沈教授のコメント）

http://www.bloomberg.com/news/2011-05-17/foreign-investment-in-china-rises-15-as-consumers-lure-starbucks-disney.html（海外からの中国への投資）

II. 要約力を高めよう！（解答）

1. 上海万博が閉幕し、景気後退への不安が高まるなかで、ディズニーランドがもたらす経済効果に期待が寄せられている。このことは本文の主題でもあるため、第1段落以降でもくり返し言及されている。（第1段落）
2. 建設の第1段階では、敷地内の3.9㎢区画の開発が行われる。そのうち、1.16㎢にはテーマパークが、残りの2.74㎢には、関連の商業ビル、ホテル、駐車場、その他施設が建設される。（第3段落）
3. 上海空港公社や錦江・インターナショナル・グループなど、ディズニーランド・リゾート・プロジェクト関連、全25社の株価が上昇しており、株式市場はディズニー効果の可能性に期待感を示しているといえる。（第7段落）
4. 香港ディズニーランドとの間に競争が起こるのではないかという懸念。（第8段落）

CHAPTER 3

Asia exporting content to . . . Asia

① TAIPEI—Entertainment content providers in Asia outside Japan are stepping up their marketing efforts within the region to cater to growing demand for homegrown TV dramas, movies and music. Hoping to mirror the success of South Korea's content industry, more and more countries are seeking ways to promote the business through government-industry collaboration. Now that improvements in regional capital markets have made it easier for Asian content firms to raise funds, players in the sector are vying to achieve a new level of growth.

② The Philippine drama series "Tayong Dalawa" ("The Two of Us"), a story about twin brothers who fall in love with the same woman, has become a big hit in Singapore. The TV show with English subtitles is being aired on the country's terrestrial TV network during the 7-8 p.m. prime-time hour three times a week from Tuesday to Thursday.

③ The series was produced by ABS-CBN Broadcasting Corp., a major Philippine TV station, which has been anxious to tap a broader market overseas and has already exported more than 20 programs to emerging nations, mainly in Asia.

語句）export ～を輸出する、provider 供給者、提供者、step up efforts さらに努力する、region 地域、cater to ～に応じる、homegrown 国産の、地元産の、mirror ～を模倣する、seek ways to ～の方法を模索する、promote ～を促進する、government-industry collaboration 産官連携、improvement 向上、capital 資本、raise funds 資金を集める、sector 分野、vie 競う、achieve ～を達成する、subtitle 字幕

アジアのコンテンツ輸出先は…アジア

① 台北――日本の外部で、アジア各国の娯楽コンテンツ企業は、アジアのテレビドラマや、映画、音楽の需要の高まりに応えるべく、その域内での市場開拓へ向けてさらなる努力を重ねている。韓国のコンテンツ産業の成功にならおうと、産官連携によってその産業を推進する方法を模索する国も増えてきている。今やアジア域内の資本市場が成長し、アジアのコンテンツ企業が資金を調達することがより容易になったため、この分野の企業は新たな成長段階を目指して競合しているところだ。

② フィリピンの連続ドラマ「タヨン・ダラワ」は、双子の男性が同じ女性に恋をする物語で、シンガポールで大ヒットとなった。英語字幕付きの同テレビ番組は、火曜から木曜の週 3 日、午後 7～8 時のゴールデンタイムに、国内の地上波テレビで放映されている。

③ 同ドラマは、フィリピンの大手テレビ局 ABS-CBN により制作された。このテレビ局は、海外に、より大きな市場を開拓することに力を入れており、すでに 20 本以上の番組を、アジアを中心とする新興国に輸出している。

語句） air ～を放送（放映）する、terrestrial 地上波放送の、prime-time ゴールデンアワーの、be anxious to ～したがっている、tap ～を開拓する、program 番組、emerging nation 新興国

④ Singapore is enjoying success with its blockbuster drama series "The Little Nyonya," a tale of ill-fated love. The TV show, released in 2009 by the state-owned TV network MediaCorp Pte, proved hugely popular and was also broadcast in Malaysia, Thailand and Vietnam. In China, Shanghai Media Group created a remake of the show.
⑤ The series brought MediaCorp its highest revenues ever from overseas.
⑥ "From the early stages of production, we are conscious about how foreign viewers may respond to a show," an official at the station said. MediaCorp is also considering boosting exports of content for the Internet or smartphones.
⑦ The market for digital content produced in Asia for local audiences has been growing at a fast clip recently. For instance, Thai-produced horror dramas are among the most-watched programs on Taiwanese TV. In the music world, Philippine pop singer Charice has launched promotional activities in South Korea and Thailand.
⑧ Jay Chou, Taiwan's pop prince, is taking his concert tour to inland China, targeting such cities as Zhengzhou, Xian, Hefei and Chengdu.
⑨ A survey by PricewaterhouseCoopers LLC shows that the content market in the Asia-Pacific region, excluding Japan, surged to around $183.8 billion in 2009, up 50% from 2005, and is expected to reach $286 billion in 2014.
⑩ South Korea took advantage of the government's subsidy program for content projects to expand into the Asian market. After the nation's economy was pummeled by the 1997 Asian currency crisis, then President Kim Dae-jung encouraged overseas shipments of so-called Hallyu content as a new export business.

語句）enjoy success 成功を手にする、blockbuster 大ヒット作、tale 物語、ill-fated 不幸な、release ～を公開する、state-owned 国営の、prove ～となる、判明する、hugely 大いに、broadcast ～を放送する、revenue 総収入、be conscious about ～を意識している、official 職員、station 放送局、boost ～を増加（促進）する、at a fast clip 急速に

④ シンガポールは、悲恋の物語である大ヒットドラマ「リトル・ニョニャ」で成功を収めている。国営テレビ局メディアコープが 2009 年に放送したこのテレビ番組は大人気となり、マレーシアや、タイ、ベトナムでも放映された。中国では、上海メディアグループが同番組のリメイク版を制作した。
⑤ このドラマは、メディアコープに過去最高の海外収入をもたらした。
⑥ 「我々は、制作の初期段階から、番組に対する海外視聴者の反応を意識している」とテレビ局の職員は語った。メディアコープはまた、インターネットやスマートフォン用のコンテンツの輸出を強化する考えだ。
⑦ 地元の視聴者向けにアジアで制作されるデジタルコンテンツの市場は、近年急速に拡大してきている。例えば、タイ制作のホラードラマは、台湾で最も視聴率が高いテレビ番組の中に入っている。音楽界では、フィリピンのポップ歌手シャリースが、韓国とタイでプロモーション活動を開始した。
⑧ 台湾のポップ歌手ジェイ・チョウは、鄭州（ていしゅう）、西安（せいあん）、合肥（ごうひ）、成都（せいと）などの都市を対象に、中国内陸部でコンサートツアーをしている。
⑨ プライスウォーターハウスクーパースの調査によると、日本を除くアジア太平洋地域のコンテンツ市場（規模）は、2009 年には 2005 年比 50%増の約 1,838 億ドルまで急拡大し、2014 年には 2,860 億ドルに達する見通しである。
⑩ 韓国は、政府のコンテンツ・プロジェクトへの補助金制度をうまく活用して、アジア市場に進出した。1997 年のアジア通貨危機によって国内経済が停滞してから、キム・デジュン（金大中）大統領は、新たな輸出産業として、いわゆるハルリュ（韓流）コンテンツの海外出荷（輸出）を奨励したのである。

語句）launch ～を始める、inland 内陸の、exclude ～を除く、surge 急増する、take advantage of ～を利用する、subsidy 補助金、expand into ～に進出する、pummel(l)ed 停滞している、currency crisis 通貨危機、encourage ～を励ます、shipment 出荷

⑪ How much help was Seoul providing? "Once, when we bought South Korean dramas, we were granted subsidies that exceeded the purchase amount," said the president of Fixed Stars Multi-Media Co., Taiwan's major importer and exporter of TV programs.

⑫ The South Korean government will spend an additional 310 billion won (US$273.8 million) through 2013 to increase the value of exports of movies and TV dramas to $7.8 billion.

⑬ Heartened by the nation's success, other Asian governments have started cooperating with domestic industry to promote content exports.

⑭ In April, the Media Development Authority of Singapore established the International Animation Fund, which aims to invest up to S$5 million (US$3.8 million) in a joint animated film project between Singapore *anime* firms and international partners to prompt domestic companies to enter overseas markets.

⑮ The Chinese city of Dalian invested 20 million yuan (US$3 million) to launch the nation's animation industry base, in which Dalian Jiaotong University and Liaoning Normal University have opened animation courses specializing in creating three-dimensional images.

December 13, 2010

語句) grant ～を与える、exceed ～を超える、purchase 購入、importer 輸入業者、exporter 輸出業者、additional 追加の、won ウォン（韓国の通貨単位）、hearten ～を励ます、domestic 国内の、establish ～を設立する、fund 基金、aim to ～することを目指す、up to ～まで、joint 共同の、specialize in ～を専攻する、three-dimensional 3 次元の

⑪ ソウルはどれほどの補助金を出したのか。「かつては、韓国ドラマを買い付けると、買い付け額以上の補助金がもらえたこともあった」と台湾のテレビ番組の輸出入大手フィックスト・スターズ・マルチメディアの社長は言った。
⑫ 韓国政府は、2013年までにさらに3,100億ウォン（約2億7,380万ドル）を投じ、映画やテレビドラマの輸出額を78億ドルまで増やす予定である。
⑬ 韓国の成功に刺激され、他のアジア各国の政府も、コンテンツの輸出を促進するために国内の産業界との提携を始めている。
⑭ シンガポールのメディア開発庁は4月、国際アニメーション基金を設立した。これは、シンガポールのアニメ企業と国際的なパートナーとの共同アニメ映画事業に、最大で500万シンガポールドル（約380万ドル）まで投資し、国内企業の海外市場への進出を促すことを目指すものである。
⑮ 中国では、大連市が2,000万元（300万ドル）を投じ、国のアニメ産業拠点を設立した。そこでは、大連交通大学と遼寧（りょうねい）師範大学が、3次元（3D）画像の制作を専門とするアニメーション・コースを開設した。

2010年12月13日

TRAINING

I. この語（句）だけは覚えよう！

＜Step 1＞

1. promote ____________________
2. improvement ____________________
3. sector ____________________
4. be anxious to ____________________
5. exclude ____________________
6. take advantage of ____________________
7. grant ____________________
8. exceed ____________________
9. domestic ____________________
10. up to ____________________

＜Step 2＞

1. cater to ____________________
2. raise funds ____________________
3. vie ____________________
4. tap ____________________
5. blockbuster ____________________
6. revenue ____________________
7. surge ____________________
8. subsidy ____________________
9. pummel(l)ed ____________________
10. shipment ____________________

II. 要約力を高めよう！

1. アジア発アジア向け娯楽コンテンツの例として挙げられている、フィリピンとシンガポールの人気テレビドラマは、それぞれ制作国以外のどの国で放映されているか。
2. 韓国政府はコンテンツ産業のアジア市場への進出をどのように推進したか。
3. シンガポール政府は国内のアニメ産業をどのように推進しているか。
4. 中国におけるアニメ産業の推進例を挙げよ。

III. 文法力・構文把握力を高めよう！

1. Hoping to mirror the success of South Korea's content industry, / more and more countries are seeking ways to promote the business through government-industry collaboration.（第１段落）

解説） 分詞構文の訳し方に注意しよう。分詞構文とは、分詞（doing）が接続詞（when、because、if、though、and など）と動詞をかねた働きをして、続く主節（後半の文章）を補足説明するものである。従属節（前半の文章）である Hoping···industry は、Because they (=more and more countries) hope to mirror the success of South Korea's content industry と書きかえることができる。もうひとつ分詞構文の例を見てみよう。

Heartened by the nation's success, / other Asian governments have started cooperating with domestic industry to promote content exports.（第 13 段落）

Heartened by the nation's success は、動詞 hearten の過去分詞 heartened の前に being が省略されている。接続詞を使った文に書きかえると、Because they (=other Asian governments) are heartened by the nation's success となり、「他のアジア各国の政府は韓国の成功に刺激されているので」という意味になる。

2. Now that improvements in regional capital markets / have made it easier for Asian content firms to raise funds, // players in the sector are vying to achieve a new level of growth.（第１段落）

解説） Now that ··· は「今や…だから」という意味。よく使われる表現なので覚えておきたい。前半の文章 Now···funds の主語は improvements、述語動詞は have made、目的語は it、補語は easier なので、SVOC の構文になる。make は「O を C の状態にする」という意味。また、it は to raise funds を指し、その意味上の主語が Asian content firms である。以上をふまえて直訳をすると、「今やアジア域内の資本市場の向上が、アジアのコンテンツ企業が資金を調達することをより容易にしているので」となる。

3. The TV show with English subtitles // is being aired / on the country's terrestrial TV network / during the 7-8 p.m. prime-time hour / <u>three times a week</u> / from Tuesday to Thursday.（第 2 段落）

解説）下線部 a は「…につき」（＝per）という意味で、全体で「1 週間につき 3 回、週 3 日」となる。

4. … we <u>were granted subsidies</u> that exceeded the purchase amount….（第 11 段落）

解説）grant は「grant＋人＋物」で「人に物を与える」のかたちで使われる。下線部は受動態で、元の文は Seoul granted us subsidies…である。that 以下が subsidies を補足説明している。

IV. ここに注目！

アジアのコンテンツ・ビジネスに関して、特に、2011 年の日本の音楽市場を振り返ってみると、K-POP の台頭は歴史的現象だったはずである。少女時代「MR. TAXI」、KARA「ジェットコースターラブ」、「GO GO サマー！」、東方神起「WHY?」、超新星「クリウンナレ――キミに会いたくて」、BIGBANG「Tonight」、BEAST「SHOCK」など、韓流をベースに洋楽サウンドと日本語を織り交ぜた、国外への輸出を意識したハイブリッドな独自性は、日本市場の勢力図に大きな影響を与えた。BIGBANG の PV では、アメリカのヒップホップ・シーンで定番の車がもたらすラグジュアリーな空間を創出し、BEAST「Beautiful」の PV でも、2000 年代前半ハリウッドで数多く制作されたストリートダンス映画のダンスバトルを、ギャング的暗さを払しょくしつつ再現している。その一方で、両グループとも安室奈美恵のような「ヒップポップ」的な雰囲気を兼ね備えている。さらに、「SATISFACTION」、「Let It Go!」など大活躍のロックバンド FTISLAND は、音楽性はいうまでもなく、ライヴ映像をみても、英語、日本語とも、言語の壁をまったく感じさせない。彼らは、文字通り「言葉の壁を越えた」グローバル・アーティストであり、ここにも 1997 年危機から復活した韓国の国家を挙げての成長戦略の成果が見える。

II. 要約力を高めよう！（解答）

1. フィリピンの大手テレビ局ABS-CBNにより制作された「タヨン・ダラワ」は、シンガポールで大ヒットとなった。また、シンガポール国営テレビ局メディアコープの「リトル・ニョニャ」は、マレーシアや、タイ、ベトナムでも放映され、中国では上海メディアグループによりリメイクされている。（第2・4段落）
2. 韓国政府は、補助金を出して、映画やテレビドラマなどの娯楽コンテンツの輸出を奨励した。（第10〜12段落）
3. シンガポールのメディア開発庁は、国際アニメーション基金を設立し、国内のアニメ企業と国際的なパートナーとの共同アニメ映画事業に投資し、国内企業の海外市場への進出を促している。（第14段落）
4. 大連市がアニメ産業拠点を設立し、そこで大連交通大学と遼寧師範大学が、3D画像の制作を学ぶアニメーション・コースを開設した。（第15段落）

CHAPTER 4

Young China execs challenge world

① SHANGHAI—Private-sector entrepreneurs in their 40s are building some of the most innovative and successful firms in China despite official preference for state-run concerns. The Nikkei profiled several of these high-powered young executives.

② Chinese people frequently employ the aphorism "the national advances, the private recedes," and it aptly describes the Chinese economy of late. The government places higher priority on state-owned firms in industrial development, for example, by steering to them over 90% of orders for infrastructure projects worth 4 trillion yuan ($604 billion). Most bank loans go to government firms, leaving the private sector with difficulty procuring funds.

③ If China is to make its economic structure more compatible with the developed world, a stronger private sector will be essential, and many young executives are showing the way.

④ Over 18 million cars were sold in 2010. In a market where automakers from all over the world compete, one standout is Chairman Li Shufu, 47, of Zhejiang Geely Holding Group Co. He rose to the position after the firm took over Volvo Car Corp. of Sweden for $1.8 billion last August.

語句）private-sector entrepreneur 民間の起業家、innovative 革新的な、despite ～にもかかわらず、preference 優遇措置、特恵、state-run concern 国営企業、事業、profile （人物などの）側面を描く、high-powered 精力的な、frequently しばしば、aphorism 格言、advance 前進する、進歩する、recede 後退する、aptly 適切に、of late 最近、place priority on 優先権をおく、認める、steer to 舵を切る、向ける、yuan 元（中国の通貨単位）

CHAPTER 4

中国の若き起業家が世界に挑む

①上海——国営企業への公的な優遇措置にもかかわらず、40代の民間部門での起業家たちが中国で最も革新的で成功している会社をいくつかおこしている。日経では、それらの精力的な若手経営者数人をまとめた。

② 中国人はよく「国栄えて民滅ぶ」という格言を用いるが、これは最近の中国経済を適切に表現している。政府は産業開発において国営企業に優先権を与えている。例えば、4兆元（約6,040億ドル）相当のインフラ整備プロジェクトの 90%以上は国営企業に向けてのものであった。銀行ローンの大半は国営企業に貸し出されるため、民間企業は資金調達に苦労することになる。

③ もし中国が自国の経済構造をより先進諸国との互換性が高いものにしようとするならば、今よりも強い民間部門が必須となるだろうが、若い経営者がその方向性を示しはじめている。

④ 2010年には、1,800万台以上の自動車が販売された。世界中の自動車メーカーが競合する市場で傑出しているのは、浙江吉利控股集団（ジーリー・ホールディング・グループ）の会長、李書福、47歳である。昨年8月に18億ドルでスウェーデンのボルボ自動車を企業買収したあと、彼は今の地位に昇りつめた。

語句） procure（苦労して）獲得する、fund 資金、compatible 適合性、互換性のある、automaker 自動車メーカー、compete 競争する、standout 傑出した人（もの）、take over（事業、職務などを）引き継ぐ、乗っ取る 、cf. TOB (Take Over Bid) 株式の公開買い付け制度

⑤ Li is enthusiastic about "producing luxury passenger cars that can compete with Mercedes-Benz and BMW." He began making vehicles that "ordinary people could afford" in 1998. Following the Volvo takeover he is shifting the firm's direction toward luxury. He plans to discontinue the core Geely brand, possibly next year, which has a reputation for cheapness and low quality, and enter the premier sedan market.

⑥ Battery and automaker BYD Co. struggled with sales in 2010. Its chairman and president, Wang Chuanfu, 44, found a strong ally in noted American investor Warren Buffett, who attended a BYD event in Guangdong Province in September and acquired about 10% of the firm. Buffett said he made the right decision to invest in the young, vivacious firm.

⑦ In the world's largest Internet market, with over 400 million people connected, top Web services provider Baidu Inc. is in a strong position. Its market share seems to be greater than 70%, far larger than the something over 20% for Google Inc. of the U.S., which caused a stir by threatening to withdraw from China. Baidu co-founder and CEO Li Yanhong, known as Robin Li, 42, rose to second place on Forbes magazine's list of richest Chinese in 2010 from 14th in 2009.

⑧ Leading e-commerce operator Alibaba Group interconnected its "Taobao," China's largest Web shopping site, with Japan's No.2 "Yahoo! Japan" in June so Chinese and Japanese consumers can buy from both sites. "If our services can satisfy Japanese customers, we can compete in any market in the world," said Alibaba CEO Ma Yun, known as Jack Ma, 46.

語句）enthusiastic 熱心な、luxury 高級品、can afford ～する余裕がある、following ～のあと、discontinue 中止、中断する、core 核となる、中心的な、reputation 評判、名声、premier 一流の、struggle もがく、あがく、chairman 会長、ally 同盟、investor 投資家（invest in ～に投資する）、acquire ～を取得する、make a decision 決定する、vivacious 活気のある、provider 提供者、cause a stir 波紋を投げかける、騒ぎを起こす

⑤ 李会長は「メルセデス・ベンツやBMWと戦えるような高級車を生産すること」に熱中している。1998年、彼は「一般の人でも買える」車の生産をはじめた。ボルボ買収のあと、彼は会社の方針を高級志向に転換している。彼はおそらく来年にも、核となっている吉利ブランド――安価だが品質が悪いという評判がある――を廃止し、高級セダン市場に参入するつもりである。
⑥ バッテリーと自動車メーカーの比亜迪（BYD）は2010年度の販売で苦戦した。会長兼社長の王伝福44歳は、BYDが9月に広東省で開催したイベントに参加し、その企業の約10％（の株式を）を取得した著名なアメリカ人投資家ウォーレン・バフェット氏との間に強固な提携を結んだ。バフェット氏は、その若く活気のある会社に投資したことは正しい決断であったと述べた。
⑦ 4億人以上をつなぐ世界最大のインターネット市場では、最大手のウェブサービス提供会社である百度（バイドゥ）が強い立場にある。そのマーケット・シェアは70％を超えると見られており、中国からの撤退を表明して波紋を投げかけた、アメリカのグーグルの20％強を大幅に上回る。ロビン・リーとして知られる、バイドゥの共同創設者でCEO（最高経営責任者）の李彦宏42歳は、フォーブスの中国人長者番付において、2009年の14位から2010年の2位まで順位を上げた。
⑧ eコマース（インターネット商取引）大手である阿里巴巴集団（アリババグループ）は6月、自社の中国最大ウェブショッピングサイト淘宝（タオバオ）と日本第2位のヤフー！ジャパンを相互接続し、中国と日本の消費者が両方のサイトから購入することを可能にした。「もし我々のサービスが日本の顧客を満足させることができれば、世界のどの市場でも戦うことができる」と、ジャック・マーとして知られるアリババグループのCEO、馬雲、46歳は述べた。

語句）threaten to （～するぞと）脅す、withdraw 撤退する、co-founder 共同創設者、Forbes magazine 雑誌「フォーブス」（毎年世界の長者番付を行っている）、e-commerce eコマース（インターネット商取引）、interconnect A with B　AとBを相互に連結する

⑨ China's top retailers ended 2010 with opposite results. Founder and major shareholder of Gome Electrical Appliances Holding Ltd. Wong Kwongyu, 41, was sentenced to 14 years in prison for bribery and the like last year.

⑩ Taking advantage of this, President Zhang Jindong, 47, of Suning Appliance Co. pushed his firm past Gome and become China's top retailer, opening over 400 new outlets in 2010. In Japan he decided to invest an additional ¥2 billion ($24 million) in Laox Co. and opened a new outlet in Tokyo's Ginza district. Zhang is enthusiastic about his plans to enter Southeast Asian and other markets.

January 17, 2011

語句）retailer 小売業、opposite 正反対の、result 結果、founder 創設者、shareholder 株主、appliance 電気器具、sentence in prison 禁固刑を宣告する、bribery わいろ、贈収賄、and the like その他（同種のもの）、take advantage of （好機を）利用する、outlet 販売店

TRAINING

I. この語（句）だけは覚えよう！

＜Step 1＞

1. innovative ____________________
2. recede ____________________
3. steer to ____________________
4. compatible ____________________
5. standout ____________________
6. reputation ____________________
7. ally ____________________
8. cause a stir ____________________
9. withdraw ____________________
10. retailer ____________________

⑨ 中国最大の小売業者は、正反対の結果で 2010 年を終えた。国美電器（ゴーメイ電器）の創設者で大株主でもある黄光裕 41 歳は、昨年、贈収賄その他の罪で 14 年の実刑判決を受けた。

⑩ この利を生かした蘇寧電器（スニン電器）の社長、張近東 47 歳は、ゴーメイ電器を越えて中国最大の小売業者となり、2010 年に 400 以上の新店舗を開いた。日本でもラオックスに対して 20 億円（2,400 万ドル）の追加投資を決め、東京銀座に新店舗を開いた。張は東南アジアやその他の市場に参入する計画について熱心である。

2011 年 1 月 17 日

＜Step 2＞

1. entrepreneur ____________________
2. aphorism ____________________
3. aptly ____________________
4. procure ____________________
5. take over ____________________
6. premier ____________________
7. vivacious ____________________
8. shareholder ____________________
9. sentence in prison ____________________
10. bribery ____________________

II. 要約力を高めよう！

1. 格言「国栄えて民滅ぶ」は、近年の中国経済のどのような特徴を言い表しているか。
2. ジーリー・ホールディング・グループの経営方針はかつてどのようなものであったか。また、ボルボ自動車を買収したあと、どのように変化したか。
3. バイドゥの中国市場におけるシェアは何%か。
4. タオバオがヤフー！ジャパンと相互接続した意図は何か。
5. スニン電器は今後どの市場への展開に興味を持っているか。

III. 文法力・構文把握力を高めよう！

1. Most bank loans go to government firms, // leaving the private sector with difficulty / procuring funds. （第 2 段落）

解説） leaving は分詞で、「そしてそのことが」と補うと分かりやすい。また「leave 人 with …」は「人に…を残す」という意味。「(have) difficulty in …ing」の形は、この例のようにしばしば in が省略される。したがって、省略された前置詞の後ろにある procuring は動名詞であり、意味上の主語として the private sector を持つ。

2. If China is to make its economic structure more compatible with the developed world, / a stronger private sector will be essential .... （第 3 段落）

解説）「be to 不定詞」は未来、予定、義務などの意味がある。if 節で用いられる場合は、主に意図「…したい」の意味で用いられる。「make 目的語＋補語」は「目的語を補語にする、変える」と訳す。ここでは「its economic structure を more compatible にする」ということ。

3. In a market / where automakers from all over the world compete, // one standout is Chairman Li Shufu, 47, of Zhejiang Geely Holding Group Co.
（第 4 段落）

解説）前半は In で導かれる前置詞句であり、文の主語は one standout である。関係副詞 where から compete までが market を説明している。compete のうしろに in a market をもっていくと分かりやすい。

4. Its chairman and president, Wong Shauanfu, 44, // found a strong ally in noted American investor Warren Buffett, / who attended a BYD event in Guangdong Province in September / and acquired about 10% of the firm.　（第 6 段落）

解説）この文の述語動詞は found で、who 以下は Warren Buffett を補足説明している。and は基本的に同じ品詞の語句をつなぎ、ここでは動詞 attended と acquired をつないでいる。

5. Its market share seems to be greater than 70%, / far larger than the something over 20% for Google Inc. of the U.S., / which caused a stir by threatening to withdraw from China.　（第 7 段落）

解説）最初の Its は直前の Baidu Inc を指示している。something は、この文のように前置詞を伴う句の前で用いて、「いくぶん、多少」などの意味を持つ副詞となる。この場合は数値であるため、「20%強（20%を少し超えた）」という意味である。far は比較級（あるいは最上級）の形容詞や副詞を強調し、「ずっと（大きい）」という意味である。

6. Taking advantage of this, // President Zhang Jindong, 47, of Suning Appliance Co. / pushed his firm past Gome and become China's top retailer, // opening over 400 new outlets in 2010.（第 10 段落）

解説）最初の区切りは分詞構文であり、接続詞と主語を補って While President Zhang Jindong took advantage of 考えるとよい。this が指し示すのは前の段落で述べられる Gome Electorical Appliances Holdings Ltd. および Wong Kwongyu

の失脚である。pushed が主節の述語動詞。opening も分詞で、第 2 段落の解説で説明したように、「そしてそれが」と補えばよい。

IV. ここに注目！

e コマース関連では、中国語によるネットでのチャットを可能にした、インスタント・メッセンジャー（IM）・サービス最大手テンセント（Tencent）による参入が話題を呼んでいる。2011 年 11 月 7 日付“Tencent leaps into e-commerce”によると、同社は、CEO 馬化騰のもと、IM サービスやオンラインゲーム（日本のグリーも配給している）などで、2010 年度、約 31 億ドル（約 240 億円）を売上げ、2011 年度上半期は営業利益が 40%上昇している成長企業である。IM をとおした商品広告など、中国の e コマース業界で最大シェアを誇るアリババには真似できない新たな手法を創出するとしている。

II. 要約力を高めよう！（解答）

1. 政府は産業開発についての優先権を国営企業に与えるため、民間企業による参入のチャンスが少ないということ。（第 2 段落）
2. 創業当初は、一般の人でも買える大衆車を作ろうとしていたが、ボルボ自動車買収以降は、高級車志向に転換した。（第 5 段落）
3. 70%以上。（第 7 段落）
4. 日中の消費者がどちらのサイトからでも商品を購入できるようにするため。また、タオバオ側にとっては、日本の消費者を満足させられれば、世界の市場に打って出られるという、試金石的な意味合いもある。（第 8 段落）
5. 東南アジア市場。（第 10 段落）

Hot Topic 1

（注目記事の抜粋）

豚肉価格と不動産市場からみる中国経済の展望

中国経済の減速がささやかれている。政府によるインフレ抑制のためのマネーサプライ（通貨供給）の調整もその一因である。不況を回避して、安定成長を達成できるか、というのが中国経済が今向き合っている課題である。中国料理に必要不可欠な豚肉が 2011 年 6 月には対前年比で約 60%上昇した。豚インフルエンザの流行による供給量不足がその原因であるが、上昇する穀物価格や労働コストといったインフレ要因も看過できないという見方もある。また、不動産市場はまさに現在の中国経済の重要局面を反映している。不動産バブルがいつはじけるのか、といわれているが、湾岸部の主要都市ではそうした気配が漂っている。ある不動産業者によれば、はじめて北京郊外の分譲マンションを販売したとき、1 日で全戸完売したが、2011 年 3 月に 250 戸販売したときには、3 カ月経っても 10 戸以上売れ残ったという。その一方で、内陸部、湖北省の省都である武漢では、分譲マンションは最高値を付けると見込まれている。しかも、都市部人口はまだ全体の 50%であり、田舎から都市部への人口の移動を考えると、都市部でも住宅需要は堅調を維持するとみられている。（2011 年 7 月 25 日付“China's economy on critical plateau”、同日付“China's go-go days of soaring property values may be ending”より）

CHAPTER 5

Net controls may affect more Asians

① Many countries restrict Internet use to varying degrees. Reporters Without Borders, a Paris-based nongovernmental organization led by Western journalists, refers to countries with particularly strict controls as Internet Enemies and publishes a list of them every year. The latest version points the finger at 12, most of them Middle Eastern or Asian nations with authoritarian regimes.

② Tunisia and Egypt — where protest movements recently brought down longtime rulers — are both on the list. And both popular movements exploited new media like Facebook and Twitter.

③ The developments in North Africa and the Middle East testify to a new, ongoing information revolution that cannot be dealt with through conventional Net-control methods. And it would be logical to expect that, sooner or later, a domino effect could extend to Internet Enemies in Asia. Asian countries that restrict online access have similar problems to those that led to the protests in Middle Eastern countries — namely, widening gaps between rich and poor and corruption among those in power.

語句）affect ～に影響を与える、restrict ～を制限する、to varying degrees 程度の差はあっても、多かれ少なかれ、non-government organization (NGO) 非政府組織、refer to ～に言及する、呼ぶ、particularly 特に、とりわけ、strict 厳格な、enemy 敵、publish ～を公表する、latest 最新の、point the finger at 指をさす、非難する、Middle Eastern (the Middle East) 中東の、authoritarian regime 独裁体制、protest 抗議運動

CHAPTER 5

アジア諸国にネット規制拡大の懸念

① 多くの国が多かれ少なかれ、インターネットの利用規制をおこなっている。「国境なき記者団」というパリに拠点を置く西洋のジャーナリストによる非政府組織（NGO）は、とりわけ厳しい制限をかける国を「インターネットの敵」と呼び、毎年そのリストを発表している。最新版では12の国を公然と非難しているが、それらの多くは中東やアジアの独裁主義的な体制の国である。
② チュニジアとエジプトという、最近の抗議活動によって長期政権を倒した両国は、共にそのリストに載っている。両国の民衆運動では、フェイスブックやツイッターなどの新しいメディアが利用された。
③ 北アフリカや中東におけるメディアの発達は、従来のネット規制の方法では対処できない、新たな進行中の情報革命の証拠となっている。また、遅かれ早かれ、連鎖反応がアジアの「インターネットの敵」にまで拡大しうると予想されるのも当然であろう。オンラインアクセスを制限しているアジアの国々は、中東諸国での抗議運動につながったのと同じ問題を抱えている。すなわち、貧富の差の拡大と、権力者の汚職である。

語句）bring down ～を打ち倒す、ruler 統治者、popular movement 民衆運動、exploit ～を利用する、testify ～を証明する、ongoing 進行中の、revolution 革命、deal with ～に対処する、conventional 慣習的な、型どおりの、method 方法、 logical 論理的な、筋の通った、sooner or later 遅かれ早かれ、a domino effect ドミノ効果、連鎖反応、similar 同様の、namely すなわち、widen ～を広げる、広がる、corruption 退廃、汚職

④ Still, coolheaded analysis of the reality of Asia warns us against making simple predictions about possible democracy drives in the region's authoritarian states.

⑤ China, for example, has a much tighter grip on the Net than its Middle Eastern counterparts. The Chinese government monitors and controls cyberspace by employing a large number of officials — including "cybercops," which are said to number from 30,000 to more than 100,000. Since the second half of the 1990s, it has been developing an Internet censorship system as a state project.

⑥ While Google Inc. of the U.S. moved its Internet search service from the Chinese mainland to Hong Kong because it was unwilling to play by Beijing's rules, most online companies on the mainland comply with the Communist Party of China's regulations. People in mainland China do not have access to Facebook or Twitter, at least not without jumping through a few hoops to circumvent the authorities.

⑦ In 2009, the Chinese government tried to require all personal computers sold in the country to be equipped with its specially designed Web-filtering software. Although this attempt fell through due to strong domestic and international opposition, the development of a nationwide Internet search engine for the rapidly growing mobile phone market is under way with participation by the state-run Xinhua News Agency.

語句）coolheaded 冷静な、warn ～に警告する、prediction 予言、grip 統率力、支配力、counterpart 片われ、対応物、cyberspace サイバースペース（インターネット上の情報空間）、a large number of 多数の、number 数える、達する、censorship 検閲、be unwilling to ～するのを好まない、comply with ～に従う、応じる、the Communist Party of China 中国共産党、regulation 規制、jump through a hoop 苦労する、奮闘する

④ それでもなお、アジア情勢の冷静な分析は、その地域の独裁主義国家における民主化運動の可能性について予断を許さない。
⑤ 例えば中国は、中東のよく似た国々よりはるかに強いネット上の支配力を有している。中国政府は多くの職員を雇うことで、サイバースペースを監視し、管理している。その中には「サイバー警官」が含まれており、その数は3万人から10万人以上に達すると言われている。1990年代後半以降、中国は、インターネットの検閲体制を国策として展開してきた。
⑥ アメリカのグーグルは、北京のルールに従うのを好まず、インターネット検索サービスを中国本土から香港に移管した一方で、多くの中国本土にあるネット会社は中国共産党の規制に従っている。中国本土の人々は、少なくとも当局を回避するための多少の苦労をしない限り、フェイスブックやツイッターにアクセスすることができない。
⑦ 2009年に中国政府は、国内で販売されるすべてのパソコンに、特別に考案されたウェブ・フィルタリング・ソフトの装備を義務づけようとした。この試みは国内外からの強い抵抗のために失敗に終わったが、急速に拡大している携帯電話市場における全国規模のインターネット検索エンジンの開発は、国営の新華通信社の参加により進行中である。

語句）circumvent ～を迂回する、回避する、be equipped with ～を備える、fall through 失敗に終わる、opposition 反対、抵抗、rapidly 急速に、under way 進行中で

⑧ China seems to be giving some neighboring nations a bit of inspiration. At the end of December 2010, a high-ranking official at Malaysia's Ministry of Information, Communications and Culture confirmed that the ministry was studying China's Internet controls, saying that they only wanted to learn about an efficient system. The official said the Malaysian government would not implement Chinese-style restrictions, but Asian countries are obviously paying attention to China's approach.

⑨ At any rate, Chinese information-technology companies that are developing control technologies — with political and financial support from the Communist government — may be seeing the changes in Tunisia and Egypt as opportunities to advertise their technologies to countries that may import them to secure political stability. So in Asia, instead of hopes for a domino effect of democratization, there seems to be more anxiety about a domino effect of Chinese-style Net restriction.

⑩ Of course, as U.S. Secretary of State Hillary Clinton remarked in a speech on Feb. 15, Net controls can become a "noose" that restrains a nation's long-term growth. A free, open Internet is an indispensable tool for global business, especially service enterprises. In addition, it is particularly impossible to separate political information online from business information in order to restrict only the former.

語句）neighboring 近隣の、inspiration 刺激、confirm ～を確認する、追認する、ministry（大臣が管轄する）省、efficient 効率的な、implement ～を実行する、at any rate とにかく、information technology 情報技術（IT）、stability 安定、democratization 民主化、anxiety 不安、remark 言う、noose わな（引くと輪が締まるように結んだ縄、特に絞首刑の首つり縄）、restrain ～を抑制する、long-term 長期の

⑧ 中国は近隣諸国に、ある種の着想を与えているようである。2010年12月末、マレーシアの情報・通信・文化省の、ある高級官僚は、自省が中国のインターネット規制を研究していることを認め、彼らはただ効率的なシステムについて学びたいのだと述べた。その高官は、マレーシア政府が中国流の規制を実行することはないだろうと述べたが、アジア諸国は明らかに中国のやり方に注目している。

⑨ いずれにせよ、共産党政府から政治的、経済的支援を受けて規制技術を開発している中国の情報技術（IT）企業は、チュニジアやエジプトにおける変化を、自分たちの技術を政治的安定の確保のために輸入するであろう国々に対する宣伝の機会として捉えているだろう。したがってアジアでは、民主化の連鎖反応への期待ではなく、中国流のネット規制の連鎖反応が生じる不安のほうが大きいようである。

⑩ もちろん、アメリカのヒラリー・クリントン国務長官が2月15日の演説で言及したように、ネット規制は国の長期的成長を抑制する「わな」になりうる。自由で開かれたインターネットは、グローバルビジネス、なかでもサービス企業にとって必要不可欠な道具である。加えて、オンライン上の政治的情報とビジネス情報を峻別し、前者だけを規制するのはことさらに不可能である。

語句）indispensable 必要不可欠な、enterprise 企業、the former 前者（the latter 後者）

⑪ Understanding the Net's potential, not a few Internet Enemies are seeking ways to control it to protect their regimes while at the same time enabling industries to develop through its use. Yet they are basically searching for solutions in the dark, so to speak.

⑫ The upshot of all this is an ever more intense tug of war between proponents of Net controls on behalf of stability and those urging cyberspace freedom as a tool for development.

February 28, 2011

語句）seek ways to 〜する方法を模索する、upshot 結論、intense 強烈な、tug of war 綱引き、proponent 提案者、支持者、on behalf of 〜のために、urge 〜を主張する、推進する、tool 道具

TRAINING

I. この語（句）だけは覚えよう！

＜Step 1＞

1. latest ______________________
2. protest ______________________
3. exploit ______________________
4. testify ______________________
5. warn ______________________
6. counterpart ______________________
7. comply with ______________________
8. oposition ______________________
9. proponent ______________________
10. urge ______________________

＜Step 2＞

1. authoritarian regime ______________________
2. corruption ______________________
3. censorship ______________________
4. circumvent ______________________
5. implement ______________________
6. stability ______________________
7. restrain ______________________
8. indispensable ______________________
9. tug of war ______________________
10. on behalf of ______________________

⑪ ネットの可能性を理解したため、「インターネットの敵」とされる多くの国々は、体制を守るためにネットを規制する方法を模索している一方で、同時に産業がネットの利用を通して発展することを可能にしようとしている。今のところ、そうした国々は、基本的にはいわゆる暗中模索の状態である。
⑫ このすべての帰結は、安定のためのネット規制支持者と、発展のための道具としてサイバースペースの自由を主張する者との間の、これまで以上に激しい主導権争いである。

2011年2月28日

II. 要約力を高めよう！

1. 「国境なき記者団」が最新版リストで非難する「インターネットの敵」は何カ国か。
2. エジプトやチュニジアの抗議運動の背景にある社会問題を2つ挙げよ。
3. 現在中国で新華通信社が中心となって開発しているのはどのような技術か。
4. 中国のIT業界はエジプトやチュニジアの民主化運動をどのように捉えているか。
5. ヒラリー・クリントン国務長官は "noose" を何の比喩として使ったのか説明せよ。

III. 文法力・構文把握力を高めよう！

1. Reporters Without Borders, / a Paris-based nongovernmental organization (led by Western journalists) , // refers to countries with particularly strict controls as Internet Enemies / and publishes a list of them every year.（第 1 段落）

解説） 新聞記事において固有名詞が初出する際には、しばしば同格のコンマを伴い、補足情報が提示される。この文の動詞は refers（「refer to A as B」のかたちとなっている）と、and でつながれた publishes である。代名詞 them は直前の複数形の名詞 Internet Enemies を指す。

2. ... coolheaded analysis of the reality of Asia // warns us against making simple predictions / about possible democracy drives / in the region's authoritarian states.（第 4 段落）

解説） 述語動詞は warns で、「warn 人 against…」で「人に（危険などを）を警告する」という意味。…の位置に動名詞が入る場合、警告するわけであるから、「…しないように」という否定的なニュアンスが込められる。後半の drives は名詞で、（民主化に向けての）動きや運動という意味。

3. Chinese information-technology companies / that are developing control technologies — with political and financial support from the Communist government — // may be seeing the changes in Tunisia and Egypt as opportunities to advertise their technologies to countries / that may import them to secure political stability.（第 9 段落）

解説） 2 つの that は関係代名詞で、that are…government が companies を、that may…stability が countries を説明している。この文の述語動詞は be seeing。「see A as B」は「A を B と考える、見なす」という意味。

4. The upshot of all this / is an <u>ever more</u> intense tug of war / [between] proponents of Net controls on behalf of stability [and] <u>those</u> <u>urging</u> cyberspace freedom as a tool for development.（第 12 段落）

解説） (ever) more は強意の比較級で「これまでよりも、かつてないほどに」の意味である。この tug of war「綱引き」は比喩的な意味で用いられており、「主導権争い」などの訳語が適切であろう。those は「人々」を表す代名詞で、分詞 urging 以下により修飾されている。

IV. ここに注目！

2011 年 10 月 31 日付 "Lenovo drives for PC leadership with aggressive M&A activity"によれば、中国の PC メーカーLenovo は 2005 年に IBM のパソコン事業を買収、2011 年には NEC との合弁事業を設立、ドイツの Medion AG も買収して、アメリカの Hewlett-Packard、Dell に次ぐ業界、世界第 3 位の企業となった。だが、こうした発展の一方、現在起こっている PC からスマートフォンやタブレットへの需要のシフトが懸念材料視されるとともに、本章にあった PC への検閲ソフトのインストールに即座に対応し、消費者よりも政府の意向を重視する態度を見せたことで、自国の市場での立場を危うくしている。

II. 要約力を高めよう！（解答）

1. 12 カ国。（第 1 段落）
2. 貧富の差の拡大と権力者の汚職。（第 3 段落）
3. 急拡大する携帯電話市場での、国内ネット検索エンジンの開発。（第 7 段落）
4. 検索や検閲の技術を、政治的安定の確保のために輸入すると期待される他の国々に宣伝するチャンスと捉えている。（第 9 段落）
5. ネットの規制が長期的な経済成長を妨げる（首を絞めることになる）という比喩で noose という語が用いられている。（第 10 段落）

CHAPTER 6

China debates 'unbalanced' growth

① BEIJING—China has begun compiling its five-year plan through 2015, and the country's growing presence in the global economy means the world is watching. Comments by leaders there suggest they are keenly aware of where the country fell short under the previous plan and are determined to make the necessary adjustments.

② Despite the country's huge economic progress, many of the goals set in the five-year plan through 2010 were not met. And all signs indicate that China will keep seeking the entry of foreign companies in its push to clear the targets it has set, thus presenting business opportunities for Japanese firms.

③ Though the Chinese should be proud of the strides their country has made over the past five years, its economic development is "not balanced," and its lack of sustainability is "conspicuous," Premier Wen Jiabao told the National People's Congress in Beijing on March 5. In his speech, Wen mentioned goals China has failed to achieve.

語句）compile ～を編集する、keenly 鋭く、be aware of 気づいている、認識している、fall short (of) 不足する、及ばない、previous 以前の、determine ～を決意する、決定する、make an adjustment 調整する、despite ～にもかかわらず、huge 巨大な、meet a goal 目標を達成する、indicate ～を指摘する、示す、entry 参加、make stride 発展を遂げる、進歩する、lack 不足、sustainability 持続可能性、conspicuous 顕著な

CHAPTER 6

中国がバランスに欠けた経済成長を議論

① 北京――中国は2015年までの5カ年計画の策定を始めており、国際経済における存在感の高まりが世界中から注目を集めている。そこでの指導者の発言は、中国が以前の計画下で達成できていないことをはっきり認識しており、必要な調整をおこなう決意があることをうかがわせる。
② 大きな経済成長にもかかわらず、2010年までの5カ年計画で設定された目標の多くは達成されなかった。全ての徴候は、中国が自国の設定した目標を達成するために、外国企業の参入による押し上げを求め続け、したがって、日本企業にとってのビジネスの機会を提供し続けることを示唆している。
③この5年で成し遂げた国家の発展を中国人が誇りに思うのは当然であるが、その経済成長は「不均衡」であり、持続可能性の欠如が「顕著」であると、温家宝首相は、3月5日に北京で開催された全国人民代表大会で述べた。演説で、温家宝首相は達成できなかった目標について言及した。

語句） premier 首相、the National People's Congress 全国人民代表大会

④ One is an energy-saving target, whose failure to be met is seen as the "most serious," said a senior official at the National Development and Reform Commission. China's reliance on crude oil imports topped 50% in 2009. It has also become an importer of coal. As a sharp increase in domestic production of oil and coal is unlikely, "energy conservation is the most effective means of reducing China's reliance on overseas suppliers," said an official of the National Energy Administration.

⑤ The preceding five-year plan called for a 20% cut in energy consumption per unit of gross domestic product, or 4% each year. But consumption was cut by just 1.3% in 2006 and 3.3% in 2007. For 2008, China raised the reduction target to 5% and actually achieved a 4.6% cut, an all-time high.

⑥ Then the global financial crisis hit, forcing China to adopt economic stimulus measures, such as boosting public works spending. Given the consequent increase in the role of energy-consuming sectors in China's economy, such as steel production, the final reduction in energy consumption under the preceding plan was 19.1%.

⑦ Another area in which China failed to meet its target was innovation. In the field of alternative energy, China's technological development has fallen short of expectations. Though Beijing planned to raise research-and-development spending to 2% of GDP over the five years through 2010, the actual figure was 1.8%.

語句）energy-saving 省エネルギー、the National Development and Reform Commission 中華人民共和国国家発展改革委員会、reliance on ～への依存、crude oil 原油、top ～を上回る、importer 輸入者、sharp 急な、effective 有効な、効果的な、means 方法、手段、supplier 供給者・国、the National Energy Administration 国家エネルギー局、preceding 前の、先の、call for ～を求める、必要とする、gross domestic product 国内総生産（GDP）

④ その1つは省エネの目標であり、それを果たせなかったことは「最も深刻である」と中華人民共和国国家発展改革委員会の高官は述べている。中国の輸入原油への依存は2009年には50%を上回った。中国はまた、石炭の輸入国にもなっている。石油や石炭の国内生産量の急激な増産は見込めないため、「省エネが海外の供給国への依存を減らす最も効果的な手段である」と、国家エネルギー局の役人は述べた。
⑤ 先の5カ年計画では、国内総生産あたり20%、つまり、毎年4%のエネルギー消費の削減を必要としていた。しかし、消費量は2006年に1.6%、2007年に3.3%しか削減されていない。2008年に中国は削減目標を5%に引き上げ、実際には4.6%の削減を達成した。これは過去最高の数値であった。
⑥ その後に襲った世界規模の経済危機により、中国は公共事業支出の増加などの景気刺激政策を取らざるを得なくなった。その結果として生じる、中国経済の中でもエネルギー消費の大きな分野、例えば鉄鋼製造業などの役割の増加により、先の計画下での最終的なエネルギー消費の削減は19.1%であった。
⑦ 中国が目標を達成できなかったもう1つの分野は技術革新であった。代替エネルギーの分野において、中国の技術的な発展は期待はずれであった。北京では2010年までの5年間で研究開発費をGDPの2%に引き上げる計画があったが、実際の数値は1.8%であった。

語句) **all-time** 空前の、**adopt** ～を採用、実行する、**economic stimulus measure(s)** 景気刺激政策、**boost** ～を押し上げる、**given (that)** ～があるとすれば、**consequent** 結果として生じる、**sector** 分野、**steel** 鉄鋼、**innovation** 技術革新、**alternative energy** 代替エネルギー、**research and development (R&D)** 研究開発、**figure** 数値

⑧ In his speech, Wen lamented China's "weak" capacity for innovation in science and technology. An executive at a regional state-run company said technological development has failed to advance because the government praises businesses that pay large taxes even while calling for the promotion of R&D programs.
⑨ "It is hard for us to increase our R&D outlays unless (the government) changes its approach," the executive said.
⑩ The third goal China failed to clear under the previous plan covered growth in the services industry, which now accounts for 43% of GDP against a targeted 43.5%.
⑪ The last plan called for economic growth based on consumption, a shift from investment-led growth, and proposed promoting the services industry. But large-scale government support for service businesses, excluding the financial, transport and a few other sectors, has been rare, said an analyst at a foreign brokerage.
⑫ The government abolished all preferential measures for foreign companies in China last year. In his address to the congress, however, Wen said China will maintain "positive and effective use of foreign capital" and called for active investment by foreign firms in the fields of high technology, the environment and services.

語句）lament 嘆き悲しむ、regional 地方の、state-run 国営の、outlay 支出額、unless もし～しなければ（if not）、cover （範囲が）及ぶ、含む、account for ～を占める、shift 転換、investment 投資、exclude ～を除外する、transport 運送、brokerage 証券、abolish ～を廃止する、preferential measures 優遇措置、congress 議会、大会、maintain ～を維持する、foreign capital 外国資本、外貨

⑧ 演説の中で温家宝首相は、中国の科学技術の革新に対する「乏しい」能力を嘆いた。地方の国営企業のある役員は、技術発展が進まなかったのは、研究開発プログラムの促進を訴えている間でさえ、政府が多くの税金を払う企業を褒めそやすからだと述べた。
⑨ 「(政府が) 方針を変更しないかぎり、我々が研究開発費を増やすのは難しい」と、その役員は述べている。
⑩ 中国が先の計画下で達成できなかった第3の目標は、サービス産業の成長であり、それは目標の43.5%に対して、現在GDPの43%を占めている。
⑪ 先の計画では、投資主導の成長からの転換である、消費による経済成長を目指し、サービス業の促進をもくろんでいた。しかし、サービス業に対する政府による大規模な支援は、金融や交通その他いくつかのセクターを除き、稀であったと、海外の証券アナリストは述べている。
⑫ 政府は昨年、中国における全ての外国企業に対する優遇措置を廃止した。しかし、大会での演説で温家宝首相は、中国は「外国資本の前向きで効果的な利用」を継続すると述べ、外国企業による先端技術や環境、サービス産業分野への積極的な投資を求めた。

⑬ Pan Qinglin, an expert on Sino-Japanese relations and a member of the National Committee of the Chinese People's Political Consultative Conference, an advisory panel to the government, said Japanese companies lag their U.S. and European rivals in China because of their slow decision making. However, he also expressed confidence that Japanese and Chinese firms can establish "win-win" ties, because China needs Japanese know-how in various fields, such as environmental protection.

March 14, 2011

語句) expert 専門家、the National Committee of the Chinese People's Political Consultative Conference 中国人民政治協商会議国家委員会、advisory panel 諮問委員会、lag 遅れる

TRAINING

I. この語（句）だけは覚えよう！

<Step 1>

1. compile ____________
2. adjustment ____________
3. reliance ____________
4. crude oil ____________
5. steel ____________
6. alternative ____________
7. lament ____________
8. investment ____________
9. abolish ____________
10. congress ____________

<Step 2>

1. fall short of ____________
2. make strides ____________
3. sustainability ____________
4. conspicuous ____________
5. economic stimulus measures ________
6. outlay ____________
7. brokerage ____________
8. preferential measures ________
9. advisory panel ____________
10. lag ____________

⑬ 日中関係の専門家で、政府諮問機関である中国人民政治協商会議国家委員会の一員である潘庆林は、日本企業が中国においてアメリカやヨーロッパの競合企業に対して遅れをとっているのは、その意思決定の遅さのためであると述べた。しかし、彼はまた、中国は環境保護などのさまざまな分野における日本のノウハウ（実際的な知識）が必要であるため、日本と中国の企業が「両者に有利な（ウィン・ウィンの）」関係を確立できるとの自信を表した。

2011 年 3 月 14 日

語句）decision making 意思決定、express confidence 自信を表す、win-win ties 両者に有利な関係

II. 要約力を高めよう！

1. 2010 年までの 5 カ年計画のうち、目標を達成できなかった分野を挙げよ。
2. 2008 年以降、エネルギー削減が計画通り行かなかった理由を説明せよ。
3. 中国は技術革新の分野において、対 GDP 比で何%の支出をしたか。
4. 企業による研究開発費への支出が伸びなかった原因は何か。
5. 中国市場で日本企業がアメリカやヨーロッパの企業に遅れを取りがちなのはなぜか。

III. 文法力・構文把握力を高めよう！

1. Comments by leaders there // suggest that they are keenly aware of / where the country fell short under the previous plan / and are determined to make the necessary adjustments.（第 1 段落）

解説）この文の述語動詞は suggest で、that 節のなかに and で並置された they are keenly…plan と (they) are determined…adjustments の 2 つの文が含まれる。where は先行詞を含む関係副詞の用法で「…する（した）ところ」という意味。

2. Despite the country's huge economic progress, /// many of the goals / set in the five-year plan through 2010 // were not met.（第 2 段落）

解説）前置詞 despite「…にもかかわらず」のうしろには名詞句が続く。過去分詞 set から 2010 までが goals を修飾し、through は 2010 年を含んで「…まで」である。最後の受動態 met は、主語が goals（目標）なので、「到達する」という意味になる。

3. ... the global financial crisis hit, // forcing China to adopt economic stimulus measures, / such as boosting public works spending.（第 6 段落）

解説）hit は自動詞で過去形である（現在形ならば hits となる）。forcing は分詞で、結果などを意味する。and it forced…と補い「そして…」と訳せばよい。economic stimulus measures「景気刺激政策」は、直後の such as「たとえば」以降で具体例が加えられている。

4. An executive at a regional state-run company said // technological development has failed to advance / because the government praises businesses / that pay large taxes / even while calling for the promotion of R&D programs.（第 8 段落）

解説）不定冠詞 A(n) は訳さなくても理解可能なことが多いが、このように主語に用いられると「ある役員」になる。that…taxes は businesses を修飾する。

while の節は、主節と従属節の主語が同じとき、しばしば省略される。この場合の主語は the government。

5. ... large-scale government support for service businesses, / excluding the financial, transport and a few other sectors, // has been rare, /// <u>said</u> an analyst at a foreign brokerage.（第 11 段落）

解説） excluding…sectors を挿入句として捉える。主語は large-scale government support で、述語動詞は has been rare である。この文全体は、An analyst at a foreign brokerage <u>said</u> (that) large-scale…has been rare. の倒置である。

6. ... he also expressed <u>confidence</u> / that Japanese and Chinese firms can establish "win-win" ties ...（第 13 段落）

解説） that 以下は confidence の内容を説明する同格の表現である。「…という自信」のように理解するとよい。なお、confidence は不可算名詞である。

IV. ここに注目！

中国経済と 5 年ごとの共産党大会に関して興味深い、また、世界経済にとっても喜ばしいデータを 2011 年 5 月 9 日付"Five-year economic cycles no coincidence"が報じている。1976 年から 2010 年にかけて中国経済は年平均 9.6%成長してきた。そして、党大会が開催された年と翌年は 10.7%、2 年後 9.5%、3 年後 9.4%、4 年後 7.5%となっている。こうした数字が出てくる一因として、新体制が権力基盤を強固にするために拡大経済政策を取り、それによる経済の過熱化とその後の鎮静化の繰り返しがあり、実際 2010 年 10 月、中国人民銀行は 2 年 10 ヶ月振りに金利を上げており、2012 年党大会に向けた経済政策調整とみられている。同様の政治経済サイクルはアメリカでも大統領選挙の年を軸として存在しており、こうした観点から、2012 年度に世界経済が急に好転する可能性を見る識者もいる。

II. 要約力を高めよう！（解答）

1. エネルギー消費の削減、研究開発費の引き上げによる科学技術革新、消費による経済成長とサービス産業の拡大。（第4・7・10・11段落）
2. 世界的な経済危機に対応するため、政府がエネルギーを多く消費する鉄鋼業などへの景気刺激政策を取ったため。（第6段落）
3. 目標の2%に対し、実際は1.8%にとどまった。（第7段落）
4. 政府が多額の納税をする企業を推奨するため。（第8段落）
5. 日本企業の意思決定が遅いため。（第13段落）

Hot Topic 2

（注目記事の抜粋）

欧州不安とTPP

リーマンショックから約3年後の2011年、欧州で国債危機が起こっている。世界の経済と政治における力のバランスが、欧米先進国からアジアやその他の地域へとシフトする歴史的な転換点をわれわれは今目撃している。欧州危機の広がりを防ぐには多面的な協力のための国際的な枠組みが必要不可欠であり、そのなかでの日本の責任は重い。ハワイで開催されたアジア太平洋経済協力サミットにおいて、11月12日、野田首相はオバマ大統領に対してTPP協議への参加を申し出た。この大きな課題については、日本国内での強い反対を決して無視できない一方で、世界経済のなかでの日本企業の取り組みや日本の役割を考える必要もある。3.11やタイの洪水など自動車業界を取り巻く環境は厳しいが、トヨタ自動車はアメリカで生産した車を韓国へ輸出しようとしている。円高による収益圧迫とともに、米韓FTAの来年の施行も理由として挙げられている。また、2012年に大統領選挙を控えたオバマ大統領はTPPをとおして自国の経済活性をもくろむが、中国はアメリカ主導の枠組みへの参加に消極的な姿勢を見せている。しかし、中国抜きにこの話は成り立たず、また、「超大国不在の時代」における国際協力という観点から、さらには、「失われた20年」と決別するためにも、米中の橋渡しをして、韓国も含めた太平洋を取り巻く自由貿易圏を構築することは、いま日本に課せられた大きな責務であろう。(2011年11月21日付"Time for Japan to step up to plate"、同日付"TPP tests Japan's commitment"より）

CHAPTER 7

China to seek bullet train patent

① BEIJING—China has filed patent applications in five countries and regions including the U.S. for the technology used in its CRH380A bullet train.

② Patent applications for the blue-and-silver bullet trains used on the high-speed railway link between Beijing and Shanghai (the Chinese version of Japan's *shinkansen* bullet train) seem intended to enhance a sense of national pride in its technological supremacy as well as solicit an order for a high-speed railway project from the U.S.

③ China's state-owned train company China South Locomotive & Rolling Stock Corp. (CSR), claims that the high-speed train was developed independently, while admitting that it is based on technology from Japan's Kawasaki Heavy Industries Ltd. But the move could lead to a patent dispute between China and Japan.

④ According to a source close to Kawasaki Heavy, the CRH380A can be considered an extension of the CRH2 technology transferred by the Japanese firm to CSR, and the patent filing by the Chinese firm could trigger a dispute with the Japanese company.

語句）bullet train 高速列車、file patent applications 特許申請をする、region 地域、enhance ～を高める、national pride 国家威信、supremacy 優位性、solicit an order 受注を目論む、according to a source close to ～に詳しい情報筋によれば、extension 延長、transfer ～を移転する、trigger a dispute 論争を誘発する

中国が高速列車の特許権を求める

① 北京——中国政府はアメリカを含む5つの国や地域で、CRH380A型高速列車に使用されている技術の特許申請をしている。
② 北京と上海を結ぶ鉄道で使用されている（日本の新幹線の中国版である）青と銀色の高速列車の特許申請は、技術的優位性に対する国家的威信を高めることや、アメリカからの高速鉄道計画の受注を目論んでのことのようである。
③ 中国の国営鉄道会社である中国南車（CSR）は、高速列車が日本の川崎重工業の技術をベースにしていることを認める一方で、独自に開発されたものだと主張している。しかしその動きは日中間での特許をめぐる論争になりかねない。
④ 川崎重工業に詳しい情報筋によれば、CRH380A型は日本企業によってCSRに移転されたCRH2型の技術を改造したものだと考えられており、中国企業による特許申請は日本企業との間の火種になるであろう。

⑤ The Beijing-Shanghai High-speed Rail is China's largest-ever transportation infrastructure project, with its total cost reaching ¥2.7 trillion ($33.3 billion). The opening of the railway is one of the high-profile events to celebrate the 90th anniversary of the founding of the Communist Party of China.

⑥ The Ministry of Railways seeks to use the high-speed railway as an opportunity to publicize the nation's technological strengths and boost national prestige.

⑦ According to the local media reports, however, the ministry's former official argued that technology used in the CRH380-series trains have been pioneered by Japan and Germany. He also revealed the fact that although China initially aimed to realize a cruising speed of 350kph for the bullet train at the expense of safety and in defiance of the speed limits requested by Japan and Germany, it had to eventually decide to slow down the running speed to 300kph after former Railways Minister Liu Zhijun, a major advocate of the high-speed railway project, was forced to step down due to corruption charges. The former minister is suspected of corruption in connection with inappropriate procedures for awarding contracts worth roughly ¥60 billion.

⑧ Losing face over such development, the ministry and CSR might have used patent application as a way to maintain that the technology was developed on its own. In an interview with The Nikkei, a spokesperson for the company said that its proprietary technology allowed the CRH380A train to achieve a maximum speed of 380kph.

語句）transportation 交通、high profile events 脚光を浴びるイベント、founding 設立、Communist Party of China 中国共産党、ministry 省、publicize ～を公表する、宣伝する、boost national prestige 国威を発揚する、official 官僚、pioneer 開発する、initially はじめは、at the expense of ～を犠牲にして、in defiance of ～を無視して former 元、minister 大臣、advocate 提唱者、支持者、step down 辞任する、退陣する

⑤ 北京と上海を結ぶ高速鉄道は中国において史上最大の交通インフラ計画であり、総工費は2兆7千億円（333億ドル）に達する。鉄道開通は中国共産党創設90周年を祝う、脚光を浴びるイベントの1つである。
⑥ 中国鉄道省は高速鉄道を、国家の技術力を宣伝し、国威を発揚するための機会として利用しようとしている。
⑦ しかし、地元メディアのリポートによれば、鉄道省元官僚はCRH380型車両で使用されている技術が日本とドイツで開発されたものだと異義を唱えている。また彼は、中国が当初、安全を犠牲にし、日本とドイツが指定したスピード制限を無視してまで、時速350キロの高速列車の走行スピードを実現しようとしていたが、高速鉄道の主要な提唱者であった、元鉄道省大臣の劉志軍が汚職容疑により辞任を余儀なくさせられたあと、結局走行スピードを時速300キロまで落とすことを決断せざるをえなかった事実も暴露している。元大臣は約600億円に相当する不正な契約発注の手続きに関係して収賄容疑をかけられている。
⑧ このような開発をめぐり威信を無くしたため、鉄道省とCSRはその技術を独自に開発したと主張する手段として、特許申請を利用したと思われる。日経新聞とのインタビューで、会社側のスポークスパーソンは、その特許技術を持つことでCRH380A型車両の最高時速380キロを達成できたと述べた。

語句）corruption charge 汚職容疑、収賄容疑、suspect 人 of ～のことで人を疑う、inappropriate 不適切な、procedure 手続き、awarding contracts 契約発注、roughly 約、lose face 威信を失う、maintain ～を主張する、proprietary （独占）所有権、maximum speed 最高速度

⑨ The patent filing is also considered to be part of the nation's promotion efforts to win an order for high-speed railway project in the U.S.
⑩ China obviously thinks that patent filing will help put the nation in an advantageous position over other countries. A consortium of Japanese firms, such as Kawasaki Heavy, has declared its bid for the railway project planned by the U.S. state of California.

July 11, 2011

語句）promotion effort 販売促進活動、consortium 合弁企業、連合、コンソーシアム、declare bid for ～に名乗りをあげる

TRAINING

I. この語（句）だけは覚えよう！

＜Step 1＞

1. bullet train ______________
2. region ______________
3. enhance ______________
4. extension ______________
5. dispute ______________
6. transportation ______________
7. founding ______________
8. official ______________
9. procedure ______________
10. contract ______________

＜Step 2＞

1. file patent applications ______________
2. supremacy ______________
3. solicit an order ______________
4. boost national prestige ______________
5. at the expense of ______________
6. in defiance of ______________
7. step down ______________
8. lose face ______________
9. proprietary ______________
10. declare bid for ______________

⑨ 特許申請はまた、アメリカでの高速鉄道計画の受注を勝ち取るための、国家をあげての販売促進活動の１つになると考えられる。
⑩ 特許申請をすることが他国をしのぐ優位的立場の獲得の助けになると中国が考えるのは当然だ。川崎重工業のような日本の企業連合は、アメリカのカリフォルニア州で計画されている鉄道プロジェクトに名乗りをあげている。

2011 年 7 月 11 日

II. 要約力を高めよう！

1. 中国はなぜ高速列車の特許申請を必要としているのか。理由を２つ述べよ。
2. 中国企業と日本企業との間でなぜ論争が起ころうとしているのか。
3. 北京—上海の高速鉄道開通は中国にとってどのような意味があるのか。
4. 高速鉄道の最高時速と鉄道省大臣辞任に関する地元メディアのリポートを説明せよ。
5. グローバルな高速鉄道ビジネスをめぐる日本の企業連合の動きを説明せよ。

III. 文法力・構文把握力を高めよう！

1. Patent applications for the blue-and-silver bullet trains / used on the high-speed railway link between Beijing and Shanghai (the Chinese version of Japan's *shinkansen* bullet train) // seem intended to enhance a sense of national pride in its technological supremacy as well as solicit an order for a high-speed railway project from the U.S.（第 2 段落）

解説）used…bullet train が trains を修飾し、カッコ内は the blue-and-silver… Shanghai を言い直している。この文全体の主語は Patent applications… *shinkansen* bullet trains で、述語動詞 seem のあとに intended が続いているが、…ed の形なので、形容詞の働きをしていると理解し、「意図しているかのようだ」と訳す。また、as well as は enhance と solicit をつないでいる。「A as well as B」で「B だけでなく A も」。「not only[just, merely] A but also [rather] B」も同様の意味。

2. ... the CRH380A can be considered an extension of the CRH2 technology / transferred by the Japanese firm to CSR ... .（第 4 段落）

解説）consider は「SVO（to be）C」のかたちで、「O を C とみなす」という意味。この文章では受け身となって、O（the CRH380A）が主語になっている。transferred は分詞として後ろから technology を修飾している。

3. The Ministry of Railways // seeks to use / the high-speed railway / as an opportunity / to publicize the nation's technological strengths and (to) boost national prestige.（第 6 段落）

解説）「seek to＋動詞の原型」で「…しようとする」。use A as B は「A を B として利用する」。to publicize の to は不定詞の形容詞的用法「…のための」である。そして、boost の前には不定詞 to が省略されている。つまり、「to V…and (to) V'…」と and によってつながれた 2 つの不定詞の文が opportunity を修飾している。

4. According to the local media reports, / <u>however</u>, // the ministry's former official // argued that technology used in the CRH380-series trains / have been pioneered by Japan and Germany.
（第 7 段落）

解説）スラッシュに注目し、意味の切れ目を考えながら、文頭から訳す習慣をつけると速読力が身につく。2 行目の used…trains は that 以下の文の主語 technology を修飾している。however の位置も気を付けよう。According の前にある文章に対して、逆説「しかし」を意味しているが、この文のように文頭には置かずに「前置詞句, however, S」や、「S, however, V」、「S V … ; however S' V'～」といったように使われる。逆説の接続詞としては but や however のほかに、yet、still、nonetheless などがある。

5. He also revealed <u>the fact</u> /// that although China initially aimed to realize a cruising speed of 350kph for the bullet train / at the expense of safety / and in defiance of the speed limits / requested by Japan and Germany, // <u>it</u> had to eventually decide to slow down the running speed to 300kph / after former Railways Minister Liu Zhijun, / a major advocate of the high-speed railway project, / <u>was forced to</u> step down <u>due to</u> corruption charges.
（第 7 段落）

解説）1 行目の although の内容は 3 行目の Germany まで。1 行目の同格の that「…という」 以下からこの文章の最後までが fact の内容になっている。2 行目の and は at…safety と in…Germany の前置詞句をつないでおり、分詞 requested…Germany が limits を修飾している。3 行目の it は中国を指している。4 行目の after 以後の文では主語 former…Liu Zhijun を a major…project が補足説明している。したがって、after 以後の文章の主語は former…project で、述語動詞は 5 行目の was forced。ちなみに、be forced to do は「…を強いられる、余儀なくさせられる」という意味。due to「…の理由で、…のせいで」とほぼ同じ意味の熟語としては、because of や owing to などがあり、いずれもその言葉のあとに名詞がくる。

6. Losing face over such development, // the ministry and CSR might have used patent application as a way / to maintain that the technology was developed on its own.（第 8 段落）

解説） Losing…development は分詞構文で because または as を補って、「…を失ったため」と訳せばよい。「might＋have＋動詞の過去分詞形」で「…だった、…したかもしれない」というように、助動詞に過去の意味が加わる。to は不定詞の形容詞的用法「…するための」で to…own が way の内容を説明している。

7. China obviously thinks that patent filing will help put the nation in an advantageous position over other countries.（第 10 段落）

解説）「help＋原型不定詞」で「…するのを手伝う」という意味。直訳では「特許申請が the nation（中国） を他の国より優位な立場にするのを手伝う」になる。

IV. ここに注目！

7 月 1 日の中国共産党結党 90 周年記念日を控え、北京—上海を結ぶ「京滬（けいこ）高速鉄道」が 6 月 30 日に開通した。高速鉄道車両の特許問題に関連しては、中国の国営通信社である新華社通信（Xinhua News Agency）がおこなった公開質問において、中国鉄道省の王勇平報道官は次のようにコメントしている。「われわれは日本を含む、世界各国が中国の高速鉄道の発展に協力してくれたことに感謝し、各国と高速鉄道の建設と発展の経験、成果を分かち合い、世界の高速鉄道の発展を推進したいと考えている。日本が建設予定の高速鉄道にも、国際関連法規と国際貿易規則に基づいて技術を提供したい」。

7 月上旬のこの騒動からわずか 2 週間ほどあとの 23 日に浙江省、温州市で歴史に残る高速鉄道事故が発生した。*The Nikkei Weekly* 8 月 1 日付“Train crash hints at crucial flaws”にもとづいて事件の基本情報をまとめておく。死傷者 200 名以上。事故直後の当局の証拠隠しともとれる対応への非難の声が上がった。事故からわずか 2 日後の 25 日には運行が再開された。28 日に温家宝首相が事故現場を訪れ、異例の記者会見をおこない、中国高速鉄道は安全性なしに信頼を保つことはできないと述べた。同日、上海鉄道局は、事故原因が信号装置の重大な欠陥だったと公表した。

http://www.xinhua.jp/socioeconomy/politics_economics_society/277775/（王報道官のコメント）

II. 要約力を高めよう！（解答）

1. 国家的威信の高揚と、アメリカからの高速鉄道計画の受注を目論んでいるため。（第2段落）
2. 高速列車技術の特許申請に関して中国は、川崎重工業の技術をベースにしつつも、独自に開発したと主張しているが、実際には、日本が開発したCRH2型を改造したものであるため。（第3・4段落）
3. 中国共産党創設90周年の祝賀行事。（第5段落）
4. CRH380型車両で使用されている技術は日本とドイツによって開発された。中国は当初、安全性を犠牲にしてまで時速350キロを実現しようとしたが、元鉄道省大臣が契約発注に関する汚職容疑で辞任したことで、300キロまで落とさざるをえなくなった。（第7段落）
5. 日本の企業連合はアメリカのカリフォルニア州で計画されている鉄道プロジェクトに名乗りをあげている。（第10段落）

CHAPTER 8

China on SE Asia dam-building binge

① BEIJING—China is on a dam-building binge, constructing hydroelectric power plants in Myanmar, Laos and Cambodia to help it meet power demand in its southern region accompanying economic development there.
② Chinese companies are expected to invest some ¥4 trillion ($48 billion) in the next 15 years to build power plants with a combined 32 million kw of output. In addition to enabling China to buy power, these facilities will also provide infrastructure support to Chinese firms moving into Southeast Asia. However, coordination with local and downstream residents will be vital in constructing large dams in other countries.
③ In northern Myanmar, China's state-owned firm China Power Investment Corp. has begun building a dam that will have power generation capacity of 20 million kw, rivaling the massive Three Gorges Dam in China, the world's largest hydroelectric power plant. Investment in the project is expected to reach some $30 billion.
④ On the Thanlwin River near the Chinese border, state-owned China Southern Power Grid Co. is taking the lead in building a 7.1 million kw hydroelectric power plant at a cost of around $9 billion.

語句）SE（Southeast）Asia 東南アジア、binge 大騒ぎ、hydroelectric power plant 水力発電所、meet demand 需要を満たす、accompany ～をともなう、invest ～を投資する、combined 合わせた、output 発電量、facility 施設、設備、move into ～に進出する、coordination with ～との調和、協調、downstream 下流の、resident 住民、vital 極めて重要な、state-owned 国営の、power generation 発電、rival ～に匹敵する

CHAPTER 8

東南アジアでのダム建設をめぐって中国は大騒ぎ

① 北京――中国では、ダム建設で大騒ぎになっている。ミャンマー、ラオス、カンボジアに水力発電所を建設し、経済発展にともなう南部での電力需要を満たすために役立てようとしている。
② 中国企業は、総発電量3,200万kwの発電所建設のために、約4兆円（480億ドル）を今後15年間で投資するだろうと予測されている。中国の電力購入が可能になることに加え、これらの施設は東南アジアに進出する中国企業に対して、インフラのサポートを提供することにもなるだろう。しかしながら、地域住民および下流区域の住民との協調は他国での巨大ダム建設において極めて重要になるだろう。
③ ミャンマー北部にある、中国国営企業、中国電力投資集団公司は、2,000万kwの発電力があるダムの建設を始めている。それは中国にある世界最大の水力発電所である、壮大な三狭ダムに匹敵する。このプロジェクトへの投資額は約300億ドルに達するだろうと予測されている。
④ 中国国境付近のサルウィン川（怒江）に位置する、国営の中国南方電網有限責任公司は、先陣を切って約90億ドルをかけて、710万kwの水力発電所を建設している。

語句）massive 巨大な、border 国境、take the lead 先導する、主導権を握る、at a cost of ～の費用をかけて

⑤ Chinese companies are investing some $200 million in Laos to build a hydroelectric power plant with a projected output of 100,000 kw slated to come on stream this year. In Cambodia, a 2.7 million kw dam will be built by state-owned China Guodian Corp. at a cost expected to exceed $6 billion. By 2014, China Huadian Corp. will spend $600 million to build a power plant with an output of 330,000 kw.

⑥ Thailand is also linked to the hydroelectric power business in Myanmar and Laos. Thai companies are participating in construction, power will be exported to Thailand and profits can be expected in the power generation business. Companies from Thailand are also participating in construction of a power plant under way in China's Yunnan Province, upstream on the Mekong River. Involving these companies showed concern for residents downstream in Thailand, who have misgivings about China plundering water resources.

⑦ China's hydroelectric power capacity totaled 213 million kw at the end of 2010, 22% of overall electric power supply in the country and roughly six times the hydroelectric generating capacity of Japan's 10 largest power companies at the end of March 2010.

⑧ The Chinese government's plan is to increase generating capacity to 1.6-1.65 billion kw by 2020 and raise hydroelectric generation to 380 million kw. However, even that is not expected to keep pace with rising power demand in southern China, where growth continues apace.

語句）slated to ～する予定である、come on stream 操業を始める、be linked to ～につながりを持つ、participate in ～に参入する、関わる、profit 利潤、儲け、under way （～が）進行中で、upstream 上流の、involve ～とかかわる、concern 懸念、心配、misgiving 懸念、心配、plunder ～を奪う、total 合計～になる、electric power supply 電力供給、keep pace with ～に追いつく、apace たちまち

⑤ 中国企業は約2億ドルをラオスに投資して、計画では発電量10万kwの水力発電所を建設し、今年から始動する予定である。カンボジアには、270万kwのダムが中国国電集団公司によって建設されることになっており、その費用は60億ドルを超えると予測されている。2014年までに、中国華電集団公司が6億ドルを投資して発電量33万kwの発電所を建設する予定である。

⑥ タイもまた、ミャンマーやラオスにおける水力発電のビジネスにつながりを持っている。タイの企業は建設に関っており、電力はタイにも輸出されることになっている。また、発電関連ビジネスにおける収益が期待されている。メコン川上流の雲南省に計画中の発電所建設にはタイ企業も参入している。これらの参入企業は、タイの下流地域の住民たちに配慮を示しているが、彼らは中国が水資源を横取りするのではないかと心配している。

⑦ 2010年の終わりには、中国の水力発電量は合計2億1,300万kwになった。それは2010年の3月末の時点で、中国国内の全電力供給の22%、日本の10大電力会社の水力発電量のおおよそ6倍だった。

⑧ 中国政府の計画では、2020年までに発電量を16億〜16億5,000万kwに増やすことになっている。そして、水力発電においては3億8,000万kwまで増やす予定である。しかし、それでも、急激な成長を遂げている中国南部における電力需要の高まりには追いつかないのではないかと予測されている。

⑨ Furthermore, "power demand is growing in Southeast Asia, into which many Chinese manufacturers are moving," said officials at a major Chinese power company, and Chinese firms are beginning to prepare large hydroelectric power plants in Myanmar and elsewhere. Total hydroelectric power output being prepared in the three countries is almost 100 times that of the No. 4 power plant on the Kurobe River, known for the Kurobe Dam.

⑩ However, there are concerns that the dams could disrupt the ecosystems of the rivers, and a movement opposed to dam construction has recently sprung up, led by environmental protection groups.

⑪ The Thanlwin River is known as one with few dams, and dam construction in China has been halted. In some respects, it remains uncertain whether China will be able to continue dam construction as planned in other countries in order to supplement its own short supply of electricity.

April 25, 2011

語句）move into ～に進出する、manufacturer 製造業者、disrupt ～を崩壊させる、ecosystem 生態系、opposed to ～に反対する、spring up 生じる

TRAINING

I. この語（句）だけは覚えよう！

＜Step 1＞

1. binge ______________
2. hydroelectric power plant ______________
3. accompany ______________
4. move into ______________
5. resident ______________
6. vital ______________
7. disrupt ______________
8. halt ______________
9. supplement ______________
10. short supply ______________

⑨ さらに、中国の主要電力会社の職員は「電力需要が東南アジアで増加している。そこに多くの中国の製造業者が移転している」と言っている。そして、中国企業はミャンマーやその他の地域に大規模な水力発電所を建てようとしている。3カ国で準備されている総水力発電量は、黒部ダムとして知られている、黒部川第四発電所の約100倍である。
⑩ しかし、ダムが川の生態系を壊すのではないかという懸念がある。そして、環境保護団体による、ダム建設反対の運動が最近になって突如起こった。
⑪ サルウィン川（怒江）はダムがほとんど無い川として知られており、中国でのダム建設は中断されている。ある意味では、中国が電力不足を補うために、ダム建設が計画通りに他の国々で続けられるかどうかは不透明なままだ。

2011年4月25日

語句）environmental protection group 環境保護団体、halt ～を中止・停止する、in some respects いくつかの点で、ある意味で、supplement ～を補う・埋め合わせをする、short supply 供給不足

＜Step 2＞

1. meet demand ____________
2. coordination with ____________
3. take the lead ____________
4. at a cost of ____________
5. slated to ____________
6. under way ____________
7. plunder ____________
8. keep pace with ____________
9. spring up ____________
10. in some respects____________

II. 要約力を高めよう！

1. 中国はどの国にダムを建設しようとしているのか、国名を３つ挙げよ。
2. 巨大ダム建設の利点と問題点は何か。
3. メコン川下流地域の住民は何を懸念しているか。
4. 2020 年までに中国は何を計画しているか。
5. 環境保護団体はなぜ運動を起こしたのか理由を述べよ。

III. 文法力・構文把握力を高めよう！

1. China is on a dam-building binge, // constructing hydroelectric power plants in Myanmar, Laos and Cambodia / to help it meet power demand / in its southern region / accompanying economic development there.
（第１段落）

解説）１行目の constructing は分詞構文であり、constructing (= because it <China> constructs) と理解すればよい。２行目の it(s) は中国（の）である。また、accompanying 以下は southern region を修飾している。

2. ... coordination with local and downstream residents / will be vital in constructing large dams in other countries.（第２段落）

解説）述語動詞は (will) be。in は「…において」。in 以下が目的を表す。

3. ... China's state-owned firm China Power Investment Corp. // has begun building a dam / that will have power generation capacity of 20 million kw, / rivaling the massive Three Gorges Dam in China, the world's largest hydroelectric power plant.（第３段落）

解説）that 以下は a dam を修飾している。３行目、rivaling (= and it rivals) は分詞。Three Gorges Dam in China のあとにカンマ (,) があるが、the world's …plant が同格で補足説明している。

4. Thai companies are participating in construction, / power will be exported to Thailand / and profits can be expected in the power generation business.
（第 6 段落）

解説）A, B and C という文章構造になっており、スラッシュで区切られた文章それぞれが 1 つの完全な文章になっている。

5. ... power demand is growing in Southeast Asia, into which many Chinese manufacturers are moving ... .（第 9 段落）

解説）move into「…に進出する」の into が which の前に出て、「前置詞＋関係代名詞」のかたちになっている。which は Southeast Asia を指す。カンマで一度文章を区切って訳すと分かりやすい。「電力需要が東南アジアで増加している。そこに多くの中国の製造業者が進出している」という訳になる。

6. Total hydroelectric power output / being prepared in the three countries // is almost 100 times that of the No. 4 power plant on the Kurobe River, known for the Kurobe Dam.（第 9 段落）

解説）1 行目の being…countries は output を修飾している。述語動詞は is である。2 行目、times は「倍」という意味で、that は output を指す。

7. ... there are concerns that the dams could disrupt the ecosystems of the rivers ... .（第 10 段落）

解説）concerns that の that は同格「…という」である。concern「懸念」の内容が that 以下に記されている。同様の例として、fact that や news that を使った、以下のような文章が挙げられる。

The fact that I could speak English / gave me a chance to work abroad.
（英語を話せたという事実が、私に海外で働くチャンスをもたらした。）

I was shocked to hear the news that our company was bankrupt.
（われわれの会社が倒産したというニュースを聞いて驚いた。）

8. China will be able to continue dam construction / as planned in other countries / in order to supplement its own short supply of electricity.

（第 11 段落）

解説） as planned は「予定通りに」。in order to は「…するために」。as planned …countries が dam construction を補足説明している。意味の切れ目を考えながら、文頭から訳す習慣をつけると速読力が身につき、長い文章を読むのが楽になる。

IV. ここに注目！

電力不足はアジア各地域で大きな課題となっている。中国の状況に関しては原子力の話題を次章で取り上げている。本章では日本企業にも大打撃をもたらした洪水災害に襲われたタイの電力状況についてまとめておきたい。4 月 4 日付"Shedding nukes tough call for Asia"によると、タイは 1967 年に原子力発電所の建設を計画したが、1979 年アメリカ、スリーマイル島での事故と、自国内での天然ガス田の発見により、その計画は一時棚上げされた。現在 70%の電力を天然ガスに依存しているが、国内の埋蔵資源が枯渇し、20%をミャンマーから輸入する事態になっている。また、今後 12 年間で国内電力需要が 2 倍になるとの予測がある一方で、中国によるメコン川上流でのダム建設による水位低下への非難があり、水力発電所建設は実行困難である。こうしたなか、原子力発電所建設計画が復活したが、3.11 により、計画の実行、あるいは、中止について難しい判断を迫られている。

II. 要約力を高めよう！（解答）

1. ミャンマー、ラオス、カンボジアの3カ国。（第1段落）
2. 第1段落では、経済発展にともなう電力需要にこたえること、第2段落では、東南アジアへ進出する中国企業に対するインフラのサポートが利点として挙げられているが、地域住民との協調が難しいという問題点も段落の最後で述べられている。（第1・2段落）
3. 中国が水資源を横取りするのではないかと心配している。（第6段落）
4. 発電量を増やす計画をしている。（第8段落）
5. ダム建設により川の生態系が壊されると懸念しているため。（第10段落）

CHAPTER 9

For China, future is still nuclear

① SHANGHAI—China is not immune to the fears precipitated by the nuclear crisis in Japan, but that is not stopping it from moving forward with its plans for nuclear power. Chinese leaders see no other realistic choice if the country is to end its heavy dependence on coal.

② On March 16, as workers in Japan were frantically trying to cool the stricken Fukushima Daiichi nuclear plant, Chinese Premier Wen Jiabao was presiding over a meeting of the Standing Committee of the State Council (cabinet) and reaffirming China's basic policy: to give safety top priority while promoting nuclear power.

③ Nuclear power plants began operating in China in 1994. There are 13 reactors in operation and 28 more under construction. Between 2010 and 2015, China plans to increase its nuclear power capacity fourfold to 40 million kw, and to 70-86 million kw by 2020.

語句）be immune to ～の影響を受けない、precipitate 起こる、nuclear power (plant) 原子力（発電所）、frantically 懸命に、stricken 被災した、premier 首相、preside over ～の議長を務める、Standing Committee of the State Council （中華人民共和国）国務院、reaffirm ～を再確認する、priority 優先事項、reactor 原子炉、in operation 稼働中で、under construction 建設中で、fourfold 4 倍の

CHAPTER 9

中国の将来はいまだ原子力にかかっている

① 上海——日本の原子力危機によって引き起こされた脅威に中国が影響されないことはない。しかし、それが中国の原子力計画前進の妨げになることはない。中国の指導者たちは、もし中国が石炭への大きな依存に終止符を打ちたいならば、それ以外の現実的な選択肢は無いと見込んでいる。
② 3月16日、被災した福島第一原子力発電所を日本の作業員が懸命に冷却しようとしていたとき、中国の温家宝首相は国務院（内閣）の常任委員会の議長を務め、中国の基本方針を再確認していた。それは原子力を推進しつつ、安全を最優先事項とする事だ。
③ 1994年に中国は原子力発電所を始動した。13機の原子炉が稼動中であり、28機以上が建設中である。2010年から2015年の間に、中国は原子力発電量を4倍の4,000万kwに、そして2020年までには7,000〜8,600万kwに増やすことを計画している。

④ The crisis at Fukushima Daiichi could lead China to reevaluate its plans to build nuclear plants in the interior of the country — in places like Hubei, Hunan and Jiangxi provinces. A ranking member of the National Development and Reform Commission hinted at a rethink, acknowledging the accident in Japan showed there is cause for concern about large releases of radioactive water in an emergency. "In general, building nuclear power plants in the interior comes with high risks," the official said.

⑤ The crisis in Japan has already delayed the start-up of a reactor in Guangdong Province. Originally scheduled to begin operating at full power in June, the plant may not do so for another two months.

⑥ But China is not about to turn its back on nuclear power.

⑦ On April 14, Vice Premier Zhang Dejiang visited research labs at the state-owned China National Nuclear Corp. and declared the country's commitment to nuclear power had not been shaken. On May 11, Communist Party of China Guangdong Provincial Committee Secretary Wang Yang went to inspect and voice support for the Taishan nuclear power plant, which is being built by the China Guangdong Nuclear Power Group.

⑧ China's reason for pressing on with nuclear power has everything to do with its heavy dependence on coal. According to the National Energy Administration of China, nuclear power plants account for just 1% of the country's generating capacity, while fossil fuel-burning plants provide 70%, mostly from coal. China is nervous about being so dependent on a single source of energy.

語句）lead…to do …が～するきっかけをもたらす、reevaluate ～を再評価する、interior 内部（の）、province 省、ranking member 幹部メンバー、National Development and Reform Commission 国家発展改革委員会、acknowledge ～を認める、cause for concern 懸念材料、radioactive water 放射能を帯びた水、in an emergency 緊急時に、come with ～を伴う、start-up 始動、be about to ～しようとする、turn its back on 背を向ける

④ 福島第一原発の危機は、国内の湖北省、湖南省、そして、江西省といった場所に原子力発電所を建設する計画を、中国が再評価するきっかけになったであろう。国家発展改革委員会の幹部メンバーの1人は、緊急時における放射能を帯びた水の大量放出という懸念材料の存在を示した、日本における事故を認識し、見直しをほのめかした。「一般的には、原子力発電所の国内建設は大きなリスクを伴う」と述べた。

⑤ 日本での危機はすでに広東省での原子炉の始動を遅らせている。当初は6月より全面的に操業を開始する予定であったが、発電所はあと2カ月動かない可能性がある。

⑥ しかし、中国は原子力に対して背を向けようとはしていない。

⑦ 4月14日、副首相、張徳江は国営の中国原子力公司の研究所を訪問し、原子力に関する国の公約は揺らいでいないと宣言した。5月11日には、中国共産党員で広東省委員書記である汪洋が、調査して支持を表明するために台山原子力発電所に向かった。その発電所は広東原子力（CGNPC）によって建設中である。

⑧ 中国が原子力を強力に推進する理由と、石炭への大きな依存とを切り離して考えることはできない。中国の国家エネルギー局によると、原子力発電所による発電量は国の発電量のたった1%にしか相当しない。その一方で、化石燃料による発電所は70%を供給し、大部分は石炭である。中国は1つのエネルギー資源だけに過剰に依存することに不安を感じている。

語句）research lab 研究所、commitment to ～に関する公約、Communist Party of China 中国共産党、Guangdong Provincial Committee Secretary 広東省委員会書記、inspect ～を調査する、voice support for ～への支持を表明する、press on with ～を強力に推進する、has everything to do with ～と切り離して考えることはできない、coal 石炭、National Energy Administration 国家エネルギー局、account for ～に相当する、fossil fuel 化石燃料、source of energy エネルギー資源

⑨ Because the government keeps a firm lid on electricity tariffs, power companies reduce output when coal prices rise; they are unwilling to operate in the red. This is one reason why China is expected to face an electricity shortage of over 30 million kw this summer, its first shortage since 2004.

⑩ "Another problem with coal is that it is so inefficient to transport," said Song Lin, who heads China Resources Power Holdings Co. Most of China's coal is in the north and the west of the country, while most of the power plants where demand for electricity is highest are in coastal regions. Half of all rail transport in China involves moving coal to power plants, which adds to congestion on the rail network.

⑪ Over the past five years, electricity consumption in China has risen by an average of 11% a year as the economy has grown. The government is looking for ways to diversify its energy resources to reduce its dependence on coal, while ensuring stable supplies of electricity.

⑫ Solar power is one option and the government is looking to raise its solar power generation from less than 1 million kw at present to 10 million kw in 2015, double its previous target. Wind power is another area of interest. China already boasts the world's largest wind power generating capacity and authorities want to raise it fivefold from the 2010 level to 150 million kw by 2020.

語句）keep a lid on 起こらないように防ぐ、tariff 関税、in the red 赤字で、electricity shortage 電力不足、inefficient 非効率的な、transport 輸送、congestion 過密、rail network 鉄道網、consumption 消費、diversify ～を多様化する、stable 安定した、solar power 太陽光発電、authorities 政府機関、fivefold 5 倍の

⑨ 政府は電力にかかる関税が発生しないように強く取り締まっているので、電力会社は石炭価格が上昇したときには発電量を減らしており、赤字状態で作動させることに難色を示している。これがこの夏、中国が 3,000 万 kw 以上の電力不足に直面すると予測されている理由の 1 つであり、2004 年以来初めての不足であった。

⑩「石炭に関するもう 1 つ別の問題は、輸送が非常に非効率的であることだ」と華潤電力の代表、宋林は述べた。中国の石炭の大部分は国の北部と西部にあるが、電力需要が最も高い大部分の電力発電所は沿岸地域にある。中国での鉄道輸送の半分は発電所への石炭の輸送であり、それが鉄道網の過密を助長している。

⑪ 過去 5 年間で、中国の電力消費は経済成長とともに、年平均 11%上昇している。政府は、安定した電力供給を確保しつつも、石炭の依存を軽減するためにエネルギー源の多様化の手段を模索中である。

⑫ 太陽光発電は 1 つの選択肢であり、政府は 2015 年には、太陽光発電を現在の 100 万 kw 以下から 1,000 万 kw への引き上げを目指しており、以前の目標を倍増させようとしている。風力発電もまたもう 1 つの関心が寄せられる分野である。中国はすでに世界最大の風力発電量を誇っており、政府機関はその発電量を 2010 年のレベルから 2020 年までに 5 倍の 1 億 5,000 万 kw まで引き上げようとしている。

⑬ But wind and solar power output depend on the weather, and that is a particular problem for China because of its undeveloped power grid. "Roughly 30% of wind farms are not connected to the grid, whereas the global average is 10%, so efficiency is poor," said one securities analyst in China.

⑭ To boost transmission efficiency, China will need to introduce new smart-grid technologies and control automatically the supply of power. But because China is so huge, managing electricity consumption house by house will be hard.

⑮ China wants to free itself from its dependence on coal and diversify its energy resources, and there is frustration that it cannot happen quickly. "For China, expansion of nuclear power is essential. There is no other choice," said Feng Fei, director general of the research department of industrial economy at the Development Research Center of the State Council, speaking in Shanghai on June 11.

June 27, 2011

語句）power grid 送電（線）網、whereas ～であるのに対して、～だが、transmission 送電、securities analyst 安全保障専門家、smart-grid スマートグリッド（次世代送電網）、expansion 発展、director general 部長、Development Research Center of the State Council 国務院発展研究センター

⑬ しかし、風力発電および太陽光発電の発電量は天気に左右され、そのことは、送電網が未発達であるために、中国にとって特別な問題になっている。「(中国の) およそ 30%の風力発電基地は送電網と繋がっていないが、世界の平均は 10%である。つまり、効率が悪い」と、ある中国の安全保障専門家が言っていた。
⑭ 送電効率を上げるために、中国は新しいスマートグリッド (次世代送電網) を導入し、電力供給を自動制御する必要があるだろう。しかし、中国は非常に広いため、一軒一軒の電力消費を管理することは容易ではない。
⑮ 中国は石炭への依存からの開放や、エネルギー源の多様化を望んでいる。そして、そのことが順調に進まないことに苛立ちを感じている。「中国のために、原子力の発展はなくてはならない。それ以外の選択肢はない」と国務院発展研究センター、産業経済部部長の馮飛は6月 11 日に上海で述べていた。

2011 年 6 月 27 日

TRAINING

I. この語（句）だけは覚えよう！

＜Step 1＞

1. be immune to ________________
2. nuclear power plant ________________
3. priority ________________
4. in an emergency ________________
5. research lab ________________
6. inspect ________________
7. account for ________________
8. electricity shortage ________________
9. consumption ________________
10. transmission ________________

＜Step 2＞

1. precipitate ________________
2. preside over ________________
3. reactor ________________
4. in operation ________________
5. under construction ________________
6. commitment ________________
7. fossil fuel ________________
8. tariff ________________
9. diversify ________________
10. smart-grid ________________

II. 要約力を高めよう！

1. 2010 年から 2020 年の中国の原子力発電に関する計画を具体的に説明せよ。
2. 福島第一原発の事故は中国にどのような影響を与えたか。
3. 張徳江副首相はどのような声明を発表したか。
4. 中国が原子力発電を強力に推進する理由は何か。
5. 中国が原子力以外に検討している発電方法を 2 つ挙げよ。

III. 文法力・構文把握力を高めよう！

1. China is not immune to the fears / precipitated by the nuclear crisis in Japan, // but that is not stopping it from moving forward with its plans for nuclear power. Chinese leaders see no other realistic choice / if the country is to end its heavy dependence on coal.（第１段落）

解説）１行目 be immune to 「…に影響を受けない」は、not があるため「影響を受けて恐怖を感じている」となる。precipitated…Japan が fears を修飾。１行目 that は the nuclear…Japan を指す。２行目、stop … from ～ing は、「…が～することを妨げる」。it(s) は China('s) を指す。３行目、if の文における be to は「…したい」（意志）を表す。be to には他の用法もある。

予定：My coworker is to have a meeting with a client today.
（今日、私の同僚は顧客とミーティングをすることになっている。）

義務：This medicine is to be taken before each meal.
（この薬は食前に飲まなければならない。）

可能：Not a star was to be seen. （星１つ見えなかった。）

2. A ranking member of the National Development and Reform Commission // hinted at a rethink, // acknowledging (that) the accident in Japan / showed (that) there is cause for concern about large releases of radioactive water in an emergency.（第４段落）

解説）この文章の述語動詞は hinted at。acknowledging…は分詞構文で「…を認識して」と訳す。acknowledging と showed のあとに接続詞の that が省略されていると考えれば分かりやすいだろう。

3. Originally scheduled to begin operating at full power in June, / the plant may not do so for another two months.（第 5 段落）

解説） scheduled は受け身の分詞構文。Although it is scheduled to begin…の接続詞 Although、主語 it、動詞 is を、「動詞＋…ing」の形に変え、being scheduled にするのが分詞構文の作り方である。ただし、being は省略可能なため、ここでは省略されている。また、「何月」という場合には in を用いて、「何月何日」と日付が入ると on になることも覚えておこう。

例：in June （6 月に）、on June 27 （6 月 27 日に）

4. China wants to free itself from its dependence on coal / and diversify its energy resources, // and there is frustration that it cannot happen quickly.（第 15 段落）

解説） 中国が現在望んでいることとして、wants to 以下の 2 つの動詞 free と diversify に注目。1 行目の itself と its は中国のことを指している。2 行目の it は 1 行目の中国が現在望んでいること（石炭への依存から開放されることやエネルギー源の多様化をすること）を指し示している。

IV. ここに注目！

3.11 以後、原子力に代わる再生可能エネルギー開発は、グローバル社会にとってさらなる現実的な使命を帯びてきた。2011 年 6 月 6 日付"Asia takes to renewable energy"では、インドとフィリピンでの将来性ある取り組みを紹介している。インド中央政府は 2020 年までに、原子力に匹敵する太陽光発電システムの導入へ向けた計画を開始し、グジャラート州のソーラー・パーク建設は世界の注目を集めている。また、フィリピンでは 2008 年の再生エネルギー法により、この分野において、新規事業に対する 7 年間の所得税免除や、10 年間の主要原料の輸入関税免除などの刺激策を打ち出し、200 以上の事業が承認され、300 以上の事業が承認待ちの状況となっている。

II. 要約力を高めよう！（解答）

1. 2010 年から 2015 年の間に、中国は原子力発電量を 4 倍の 4,000 万 kw に、そして 2020 年までには 7,000〜8,600 万 kw に増やすことを計画している。（第 3 段落）
2. 中国の原子力発電所建設を再評価する契機になった。また国家発展改革委員会の幹部メンバーの 1 人は、緊急時における放射能を帯びた水の大量放出という深刻な事故を認識し、見直しをほのめかした。（第 4 段落）
3. 原子力に関する国の公約は揺らいでいないと宣言した。（第 7 段落）
4. 単一のエネルギー資源（石炭）への過剰な依存解消のため。（第 8 段落）
5. 太陽光発電と風力発電。（第 12 段落）

CHAPTER 10

FTAs give Taiwan, S. Korea world

① State-imposed barriers that have long shackled economic development in Asia are falling rapidly as governments in the region promote free trade pacts and take other business-friendly steps.

② In early December, Taiwan's Eva Airway Corp. made its first regular cargo flight between Taipei and Chongqing on the mainland, landing on a just-completed second runway at Chongqing Jiangbei International Airport.

③ Among the cargo were semiconductors and other Taiwanese-made parts destined for personal computers assembled by Taiwan's Hon Hai Precision Industry Co., which is known as Foxconn. Hon Hai is the world's largest electronics manufacturing services firm; it opened a plant in Chongqing in May 2010.

④ The long-running feud between Beijing and Taipei had prevented direct air links in the past. But Taiwan President Ma Ying-jeou began his tenure in May 2008 by promising to improve Taiwan's relations with mainland China, and regular cargo flights to Chongqing were a concrete step in that direction.

語句）impose ～を負わす、shackle ～を縛る、～の足かせとなる、free trade pact 自由貿易協定、regular cargo flight 定期貨物便、the mainland （中国）本土、land 着陸する、runway 滑走路、semiconductor 半導体、destined for ～向けの、～に使われる、assemble ～を集める、electronics manufacturing services (=EMS) 電子機器受託製造、電子機器製造請負サービス、plant 工場、feud 確執、prevent ～を阻む、tenure 在任期間

CHAPTER 10

FTAがもたらす台湾と韓国の世界

① 長年アジアの経済発展の足かせとなってきた国家間の障壁は、この地域の各国政府が自由貿易協定を推し進め、ビジネスに便宜を図る更なるステップを踏み出すことで、急速に崩れつつある。
② 12月初旬、台湾のエバー航空が台北と中国本土の重慶との間に初の定期貨物便を就航させ、貨物便は完成したばかりの重慶江北国際空港第2滑走路へと着陸した。
③ フォクスコンとして知られる、台湾のホン・ハイ精密工業によって（重慶で）組み立てられるパソコン向けの半導体や、その他の台湾製部品が貨物に含まれていた。ホン・ハイは世界最大手の電子部品受託製造会社であり、2010年5月に重慶に工場を開設した。
④ 北京と台北の長きに渡る敵対感情が、過去においては空の便の直通を阻んできた。しかし、台湾総統、馬英九が台湾の中国本土との関係改善を約束して2008年5月に就任し、重慶への定期貨物便はそうした方向へ向かう具体的なステップとなった。

語句）concrete　具体的な

⑤ Hon Hai has a particular stake in better connections to inland areas of China like Chongqing. Rising wages among workers in southeastern Guangdong Province and other industrial centers along the coast have been a headache for the company.

⑥ The Taiwanese firm decided to expand its manufacturing operations to Chongqing, where labor costs are lower, as the regular cargo flights "erased its concerns about securing parts," said Shingo Ito, a senior economist at Mizuho Research Institute.

⑦ Last October, Hon Hai started making mobile devices for U.S. computer maker Apple Inc. in Chengdu, Sichuan Province. Many other Taiwanese EMS firms, including Quanta Computer Inc., also plan to move inland.

⑧ Ma expressed hopes for a "golden decade" for the island's economy. Last June Taiwan completed a free trade agreement with the mainland under which the two sides will cut tariffs on 825 items, starting Jan. 1.

⑨ Taipei also eased restrictions on Taiwanese high-tech firms manufacturing on the mainland. In December, the government approved a plan by AU Optronics Corp. to invest the equivalent of about ¥250 billion ($3.04 billion) in a large liquid-crystal display panel plant in the eastern Chinese city of Kunshan.

⑩ Ma's administration will shortly start formal talks with Singapore on a free trade pact as well. South Korean firms have been watching the growing ties across the Taiwan Strait with alarm. But although South Korea appears to have fallen behind Taiwan in its economic cooperation with China, its FTA strategy is leading the region.

語句）particular 特別な、stake 関心、inland area 内陸部、wage 賃金、headache 頭痛、erase ～を消す、～を払拭する、concern 懸念、mobile device モバイル機器、free trade agreement (=FTA) 自由貿易協定、tariff 関税、item 品目、ease ～を緩める、restriction on ～への規制、 approve ～を認可する、equivalent of ～相当の（金額・量）

⑤ ホン・ハイは重慶のような中国内陸部とのより良い関係にことさら関心を寄せている。広東省南東部や沿岸部のその他の工業中心地における労働者の賃金上昇は、同社にとって頭痛の種となってきた。
⑥ 同社が生産操業（の場）を、人件費がより低い重慶にまで広げることに決めたのは、定期貨物便が「部品調達の懸念を払拭した」からであると、みずほ総合研究所、上席主任研究員の伊藤信悟は述べた。
⑦ 昨年の 10 月、ホン・ハイは四川省成都で、米国のコンピューター・メーカー、アップル社向けのモバイル機器の製造に着手した。クアンタ・コンピューター社を含めた、その他多くの台湾の EMS 企業も中国内陸部への移転を計画している。
⑧ 馬は台湾経済にとっての「黄金の十年」に対する希望を表明した。昨年 6 月、台湾は中国本土と自由貿易協定を結んでおり、そのもとで両者は 1 月 1 日より 825 品目の関税を引き下げる。
⑨ また台北は、中国本土で製造をおこなっている台湾のハイテク企業への規制を緩めた。12 月、中国東部の都市、昆山における大規模な液晶表示パネル工場へおよそ 2,500 億円（30.4 億ドル）相当の投資をおこなう AU オプトロニクス社の計画を台湾政府は認可した。
⑩ 馬政権は間もなくシンガポールとも自由貿易協定に関する公式の会談を始める。韓国企業は台湾海峡越しに強まる台中の連携を以前から注視し続けている。しかし、韓国は中国との経済協力において台湾に遅れをとったように見えても、その FTA 戦略は同地域をリードしている。

語句）liquid-crystal display panel 液晶表示パネル、administration 政権、shortly 間もなく、formal talks 公式の会談、as well 〜もまた、tie 連携、strait 海峡、fall behind 〜に遅れをとる、economic cooperation with 〜との経済協力、strategy 戦略

⑪ South Korea clinched trade pacts with the European Union in 2009 and the U.S. in 2010. South Korean President Lee Myung-bak boasts that having signed FTAs with 45 countries, its "economic territory" is the largest in the world.

⑫ Hyundai Motor Co. of South Korea plans to ship 3,000 Equus luxury sedans to the U.S. this year as it seeks to raise the make's image with American drivers. If the U.S.-South Korea FTA comes into effect, South Korean automakers will cash in.

⑬ When Hyundai Motor vice chairman, Chung Eui-sun, visited the North American International Auto Show in Detroit on Jan. 10, he said the launch of the Equus in the U.S. will have great significance.

⑭ Last year Hyundai Motor group overtook Toyota Motor Corp. in total unit sales in 27 European countries. When South Korea's trade pact with the EU takes effect in July, the 10% tariff on vehicles will be scrapped in stages, which will give a further boost to South Korean automakers on the Continent.

⑮ At a time when markets are becoming more and more global, Japanese firms may find themselves marginalized by fast-growing competitors from elsewhere in the region. Japan cannot afford to shy away from more open trade for the sake of protecting a few weaker industries.

February 14, 2011

語句) clinch ～を確定する、boast ～を誇りにする、ship ～を出荷する、～を発送する、luxury 高級な、sedan セダン型自動車（2列の座席を備え、その間に仕切りのない乗用車）、come into effect 発効する、実施される、cash in ぼろもうけする、vice chairman 副会長、launch 販売開始、overtake ～を追い越す、～を上回る、unit 台数、take effect 発効する、実施される、scrap ～を廃止する、in stages 段階的に

⑪ 韓国は2009年にEU（欧州連合）と、そして、2010年には米国と貿易協定を取りまとめた。韓国大統領の李明博は、45カ国とのFTAを調印したので、自国の「経済領域」は世界最大だと得意げに話す。
⑫ 韓国の現代自動車は、米国のドライバーへの自社ブランドのイメージ向上に努めつつ、今年度はエクウス高級セダン3,000台の米国への出荷を計画している。米韓のFTAが実施されると、韓国の自動車メーカーはかなりの収益を上げるだろう。
⑬ 現代自動車の副会長、鄭義宣は1月10日にデトロイトの北米国際自動車ショーを訪れた際、米国でのエクウスの販売開始は大きな意味を持つだろうと述べた。
⑭ 昨年、現代自動車グループは27の欧州諸国における総販売台数でトヨタ自動車を追い抜いた。韓国がEUと結んだ貿易協定が7月に発効すると、自動車にかかる10%の関税は段階的に廃止され、そのことが欧州大陸における韓国自動車メーカーの勢いに拍車をかけるだろう。
⑮ 市場がますますグローバル化するなかで、日本企業はアジア地域の別の場所で急成長する競合相手によって、自分たちが隅へ追いやられていることに気づくだろう。日本には、いくつかの弱体化した産業を保護するために、より開かれた貿易に対してしり込みしているような余裕はもうないのである。

2011年2月14日

語句）give a further boost to ～をさらに後押しする、marginalize ～を周縁に追いやる、competitor 競争相手、cannot afford to ～する余裕がない、shy away from ～にしり込みする、for the sake of ～のために

TRAINING

I. この語（句）だけは覚えよう！

＜Step 1＞

1. impose ________
2. stake ________
3. restriction ________
4. approve ________
5. equivalent ________
6. administration ________
7. strategy ________
8. launch ________
9. competitor ________
10. for the sake of ________

＜Step 2＞

1. free trade agreement [pact] ________
2. semiconductor ________
3. feud ________
4. tenure ________
5. fall behind ________
6. come into effect ________
7. cash in ________
8. vice chairman ________
9. overtake ________
10. shy away from ________

II. 要約力を高めよう！

1. 台湾と中国の経済的な交流促進の象徴的な出来事を１つ挙げよ。
2. ホン・ハイや、その他の台湾企業が中国内陸部へ工場を移す理由は何か。
3. 台中間の FTA はいつ、どのような形で実施されるか。
4. 現代自動車の米国市場における目標と、それに向けての努力を述べよ。また、米韓の FTA の実施により期待されることは何か。
5. 現代自動車の欧州での躍進と、FTA 実施後の展望はどのようなものか。

III. 文法力・構文把握力を高めよう！

1. State-imposed barriers / that have long shackled economic development in Asia // are falling rapidly /// as governments in the region // promote free trade pacts / and take other business-friendly steps. (第 1 段落)

解説) 主語の State-imposed barriers は台湾の国家主権をめぐる外交面での障壁も意味する。that…Asia が主語を修飾し、are falling が述語動詞。as 以下が原因を説明し、and が promote と take をつないでいる。

2. Among the cargo were semiconductors and other Taiwanese-made parts / destined for personal computers / assembled by Taiwan's Hon Hai Precision Industry Co. (第 3 段落)

解説) Among…parts の部分は、「X were among Y.」(Y に X が含まれていた) のかたちの文が倒置により「Among Y were X.」となったもので、意味は変わらない。また destined…computers が parts を修飾し、assembled 以下が computers を修飾している。

3. Taiwan completed a free trade agreement with the mainland under which the two sides will cut tariffs on 825 items, starting Jan. 1. (第 8 段落)

解説) which は a free…mainland を指しており、under which は「中国本土との自由貿易協定のもとで」という意味になる。starting は前置詞的に「…から、以降」の働きをする。

4. ... South Korea appears to have fallen behind Taiwan in its economic cooperation with China .... (第 10 段落)

解説) appear to や seem to「…のようだ」のあとの、あるいは、to 不定詞における「have＋動詞の過去分詞形」 は過去を表す。

5. South Korean President Lee Myung-bak boasts that // having signed FTAs with 45 countries, / its "economic territory" is the largest in the world.
（第 11 段落）

解説） that 以下は分詞構文の文で、文前半の出だしが「having＋動詞の過去分詞形」のかたちになっている場合、文後半よりも時制が古いことを意味する。つまり、文後半の時制が現在形ならば、前半の時制は過去ということになる。

6. If the U.S.-South Korea FTA comes into effect, / South Korean automakers will cash in. （第 12 段落）
When South Korea's trade pact with the EU takes effect in July, / the 10% tariff on vehicles will be scrapped in stages .... （第 14 段落）

解説） 2 文とも未来のことを説明しているが、1 文目の if 節、2 文目の when 節の述語動詞はそれぞれ現在形となっている。副詞は、動詞、形容詞、副詞、文全体を修飾するが、2 つの文では、if 節、when 節がそれぞれ、後につづく主節を説明（修飾）する副詞節であり、副詞節においては未来のことでも現在形を用いることになっている。

7. At a time when markets are becoming more and more global, / Japanese firms may find themselves marginalized by fast-growing competitors from elsewhere in the region. （第 15 段落）

解説）「比較級＋比較級」で「ますます…」。find は SVOC の第 5 文型をとる動詞で、「O が C であることがわかる」と訳す。2 つの単語をハイフンでつなぐと形容詞の働きをする。fast-growing が competitors を修飾している。

IV. ここに注目！

本章の記事にあるように、台湾と中国の経済協力関係は進展している。しかし、2012 年の総統選挙を控え、台湾の独立をめぐる防衛という点では、アメリカも加わり、3 カ国間での外交上の駆け引きが熾烈になっている。2011 年 10 月 3 日付"Taiwan marks key anniversary"によれば、辛亥革命 100 周年に際して、馬総統は金門島で、「かつて台中間での激しい戦地であったその地は平和への道となった」と述べ、中国本土との着実な関係改善を訴えた。その一方で、同日付 "U.S., China in tug of war over arms sales to Taiwan"では、アメリカによる台湾への戦闘機輸出に対する中国の強い抗議が報告されている。

II. 要約力を高めよう！（解答）

1. 台北と重慶の間に定期貨物便が就航したこと。（第 2 段落）
2. 広東省や中国沿岸部の諸都市での労働賃金上昇に対し、人件費を抑えるため。定期便就航により部品調達の懸念が払拭されたため。（第 5・6 段落）
3. 1 月 1 日から、台中の双方が 825 品目の関税を引き下げる。（第 8 段落）
4. エクウス 3,000 台の米国への出荷が目標で、それにさきがけ米国での自社ブランドのイメージアップに努めている。また、FTA が大きな収益をもたらすと考えている。（第 12 段落）
5. 現代自動車グループは欧州 27 カ国でトヨタの自動車販売台数を追い抜いた。また、欧州連合との間で FTA が発効すると自動車にかかる関税は段階的に廃止されるので、同社の欧州での勢いは増すだろうと考えられる。（第 14 段落）

CHAPTER 11

South Korean LCCs turn to international routes

① Seoul—South Korean LCCs, which have used low fares to steadily gain ground on key domestic routes, are poised to go on the offensive internationally.

② Air Busan Co. and Eastar Jet Co. are the first South Korean discount airlines to provide service between the country and Narita International Airport near Tokyo. Jeju Air Co. has decided to open a Bangkok route, while Jin Air Co. will increase flights linking South Korea to China, targeting Chinese tourists. Observers say the main battlefield where South Korean budget airlines hope to win more passengers is shifting to medium- to short-distance international routes, as opposed to the domestic market.

③ The Narita route, which boasts high seat occupancy rates, is a cash cow for South Korean carriers. So when the airport decided this spring to increase slots for South Korean carriers, the country's budget players, as well as major airlines like Korean Air Co. and Asiana Airlines Inc., rushed to apply.

語句）LCC 格安航空会社、fare 運賃、steadily 着実に、gain ground on ～で地歩を固める、domestic route 国内線、be poised to ～する準備をする、go on the offensive 攻勢に出る、discount airline 格安航空会社、service （飛行機の）便、flight 航空便、target ～に狙いを定める、observer （業界の）観測筋、battlefield 戦場、budget airline 格安航空会社、win ～を勝ち取る、passenger 乗客、shift to ～へと移る

CHAPTER 11

韓国の格安航空会社は国際線を目指す

① ソウル——低運賃を導入し、主要国内線で着実に地歩を固めてきた韓国の格安航空会社が、国際的な攻勢に打って出ようとしている。

② エアプサンとイースター航空は、韓国と東京、成田国際空港間の便を提供する初の韓国の格安航空会社である。チェジュ航空はバンコク線の開通を決定し、その一方で、ジンエアは中国人観光客を狙って、韓国と中国を結ぶ便を増やす予定でいる。観測筋によると、韓国の格安航空会社がより多くの乗客獲得を期待する主戦場は、国内市場とは打って変わり、中距離、短距離の国際線へ移ろうとしている。

③ 高い搭乗率を誇る成田線は、韓国の航空会社にとってドル箱路線だ。それゆえ、成田空港がこの春、韓国の航空会社向けに発着枠の拡大を決定すると、大韓航空やアシアナ航空のような大手航空会社と同様に、韓国の格安航空会社も申し込みに殺到した。

語句）medium-(distance) 中距離、short-distance 短距離、international route 国際線、as opposed to ～とは対照的に、～とは反対に、domestic market 国内市場、boast ～を誇る、seat occupancy rate 搭乗率、cash cow ドル箱、carrier 航空会社、slot 発着枠、budget player 格安航空会社、A as well as B　B と同様に A、major 大手の、rush 殺到する、apply 申し込む

④ Among the low-cost carriers, Air Busan and Eastar Jet succeeded in getting slots at Narita. So on June 23, Air Busan started one round-trip flight per day between its home base at Gimhae International Airport in Pusan and Narita. Eastar Jet will begin on July 1 operating one daily round-trip flight connecting Incheon Airport, near Seoul, with Narita.

⑤ Eastar Jet has set an online fare for the Narita route at 260,000 won ($240) — 20-30% lower than conventional airlines' fares. Air Busan has set its fare about 30% lower than the official discount fares of Korean Air or Japan Airlines Corp., aiming to lure passengers away from them.

⑥ Meanwhile, Jeju Air on June 30 will launch four flights a week between Gimhae International and Bangkok, a response to a rise in the number of South Korean tourists visiting Thailand. Thai Airways International Pcl already runs three flights per week on the route while Korean Air has seven. But Jeju Air officials reckon the low-cost airline can lure travelers from Incheon to Gimhae and unearth new demand.

⑦ In opening new international routes, South Korean low-cost carriers are setting their sights on not only South Koreans going abroad but also foreign tourists visiting the country. On June 22, Jeju Air began three flights per week linking Jeju Island — a resort popular with foreign tourists as well as South Koreans — and Kansai airport in Osaka. It aims to steal customers from Korean Air, which offers one daily flight on the route.

語句）low-cost carrier（=LCC）格安航空会社、succeed in ～ing ～するのに成功する、round-trip flight 往復便、per day 1日につき、operate 運行する、connect A with B　AをBと結ぶ、set ～を設定する、lure ～を呼び込む、meanwhile その一方で、launch ～を就航させる、run ～を運行する、reckon ～と見込む、unearth ～を掘り起こす、sight 狙い、照準、steal ～を奪う、customer 顧客、offer ～を提供する

④ 格安航空会社のうち、エアプサンとイースター航空は成田での発着枠を確保することに成功した。そこで6月23日、エアプサンは本拠地である、釜山の金海国際空港と成田の間に1日1回の往復便を就航させた。イースター航空は、7月1日、ソウル近郊の仁川空港と成田を結ぶ1日1回の往復便を運行し始める。
⑤ イースター航空は成田線のオンライン運賃を26万ウォン（240ドル）――一般的な航空運賃よりも20-30%安い――に設定した。エアプサンは、自社の運賃を大韓航空や日本航空の正規割引運賃よりも約30%低く設定し、両航空会社からの乗客の呼び込みを図る。
⑥ その一方で、チェジュ航空は、6月30日、金海国際空港とバンコクの間に週4便を就航させる。タイを訪れる韓国人観光客の数の上昇への対応である。タイ国際航空は、すでにこの線で週3便運行しており、一方、大韓航空は7便運行している。しかし、チェジュ航空の役員らは、この格安路線が仁川空港から金海空港へと旅行者を呼び込み、新たな需要を掘り起こすことができると見込んでいる。
⑦ 新たな国際線を開くにあたり、韓国の格安航空会社は海外に出かける韓国人だけでなく、韓国を訪れる外国人観光客にも照準を定めている。6月22日、チェジュ航空は、韓国人だけでなく外国人観光客にも人気の高いリゾート地、済州島と大阪の関西空港を結ぶ週3便を就航させた。チェジュ航空は、この線で1日1便運行している大韓航空から顧客を奪うつもりだ。

⑧ Jin Air is eyeing China, where an increasing number of people are expected to travel abroad as the economy grows. "We want to establish an earnings structure that is not solely reliant on travel demand from South Koreans," an airline official said. In April, the carrier began providing irregular flights on two China routes connecting Jeju Island with Xi'an in western China and Harbin in northeastern China. The services will be offered until the end of October this year.

⑨ In 2010, South Korea had 1.72 million Chinese visitors, up 42% on the year. The sharp rise was partly attributable to the South Korean government's easing of visa requirements for Chinese citizens. Within several years, Chinese are expected to become the largest group of foreigners visiting South Korea, overtaking Japanese.

⑩ Jin Air has also secured the right to operate regular flights between Jeju Island and Shanghai; it is preparing to start the service in the near future. Planning to buy a Boeing 737-800 aircraft in July and another in December, the airline is bent on tapping Chinese tourists.

⑪ The possibility is increasing that South Korean budget carriers, which are becoming more maneuverable, will grow into a primary mode of air transport in East Asia in the near future. The country's geographic position between two economic powers — Japan and China — will give them an advantage as they strive to do so.

June 27, 2011

語句）eye ～に目を向ける、establish ～を確立する、earnings structure 収益構造、be reliant on ～に頼る、solely 単独で、travel demand 旅客需要、irregular 不定期の、sharp 急激な、partly 部分的に、be attributable to ～のせいだと考えられる、easing 緩和、visa requirement ビザ要件、overtake ～を追い抜く、secure ～を獲得する、right 権利、be bent on ～ing ～することに熱心である、tap ～を開拓する、maneuverable 操業しやすい

⑧ ジンエアは、経済成長にともなってますます多くの人間が海外に旅行すると見込まれる中国に目を向けている。「我々は、韓国人の旅客需要だけに頼らない収益構造を確立したいのです」と航空会社役員は述べる。4月、ジンエアは、済州島を中国西部の西安、そして、中国北東部のハルビンと結ぶ2本の中国線で不定期便を提供し始めた。これらの便は今年の10月末まで提供される。
⑨ 2010年、韓国には172万人の中国人が訪れたが、これは年間42%の増加である。この急激な増加は、部分的には韓国政府による中国人民に対するビザ要件の緩和によるものと考えられた。数年以内に、中国人が日本人を追い抜いて、韓国を訪れる最大の外国人団体になることが見込まれている。
⑩ ジンエアはまた、済州島と上海の間で定期便を運行する権利を獲得した。近いうちに便を就航させる準備を整えている。ジンエアは、ボーイング737-800型機を7月に1機、もう1機を12月に購入する計画を立てており、中国人観光客の開拓に力を注いでいる。
⑪ ますます操業しやすくなる韓国の格安航空会社が、近い将来、東アジアにおける航空輸送の主要形態になる可能性は高まっている。2つの経済大国、日本と中国に挟まれた韓国の地理的な位置が、これら格安航空会社に努力した分の利益を与えることだろう。

2011年6月27日

語句）primary 主要な、mode 形態、air transport 航空運輸、geographic 地理的な、economic power 経済大国、advantage メリット、有利な立場、strive to 〜しようと努力する

TRAINING

I. この語（句）だけは覚えよう！

＜Step 1＞

1. fare ________________
2. steadily ________________
3. budget ________________
4. apply ________________
5. round-trip ________________
6. reckon ________________
7. easing ________________
8. primary ________________
9. geographic ________________
10. strive ________________

＜Step 2＞

1. low-cost carrier (LCC) ________________
2. gain ground on ________________
3. be poised to ________________
4. go on the offensive ________________
5. cash cow ________________
6. slot ________________
7. lure ________________
8. earnings structure ________________
9. be attributable to ________________
10. maneuverable ________________

II. 要約力を高めよう！

1. 国内線で足元を固めてきた韓国の格安航空会社が、新たな市場の開拓を目指すのはどのような路線か。
2. 成田航空の発着枠を確保できた格安航空会社はどこか。
3. 大手航空会社から乗客を呼び込む手段として、イースター航空とエアプサンがとった方策は何か。
4. 新たに国際線を開くにあたり、韓国の格安航空会社が確立を目指す収益構造を述べよ。
5. 韓国の格安航空会社にとっての地理的優位性を述べよ。

III. 文法力・構文把握力を高めよう！

1. South Korean LCCs, / which have used low fares / to steadily gain ground on key domestic routes, // are poised to go on the offensive internationally.
（第 1 段落）

解説）この文の主語は South Korean LCCs で、述語動詞は are である。which …routes が主語を修飾している。to は不定詞であるが、副詞 steadily が動詞 gain を修飾している。高校までの文法のテキストでは、この「to 不定詞＋副詞＋動詞」はあまりお目にかからないかもしれないが、*The Nikkei Weekly* では使用されることがあるので覚えておこう。

2. Observers say /// the main battlefield / where South Korean budget airlines hope to win more passengers // is shifting to medium- to short-distance international routes, / as opposed to the domestic market.（第 2 段落）

解説）where…passengers が、主語の the main battlefield を説明し、述語動詞は is shifting で、as 以下が補足説明している。

3. ... when the airport decided this spring to increase slots for South Korean carriers, // the country's budget players, as well as major airlines like Korean Air Co. and Asiana Airlines Inc., / rushed to apply.（第 3 段落）

解説）decide to「…を決定する」には、よくお目にかかるはずであるが、to 不定詞の前に this spring があることに注目したい。このように表現できることを覚えておこう。

4. Air Busan has set its fare about 30% lower than the official discount fares of Korean Air or Japan Airlines Corp., / aiming to lure passengers away from them.（第 5 段落）

解説）比較級の文章では、何と何を比べているかを明確にしよう。ここでは its fare と the official…Corp.、つまり運賃を比べている。また、運賃が「安い」と日本語ではいうが、英語では low であり、経済情報では頻繁に使用する「○○%安い」という表現は「○○%lower than」となることを覚えておこう。

5. Meanwhile, Jeju Air on June 30 // will launch four flights a week / between Gimhae International and Bangkok, // a response to a rise in the number of South Korean tourists / visiting Thailand.（第 6 段落）

解説）後半の a response 以下が、文前半の内容に補足説明する同格の関係にある。ちなみに、the number of「…の数」、a number of「多くの…」というように、the と a で意味が変わる。

6. In 2010, South Korea had 1.72 million Chinese visitors, up 42% on the year.（第 9 段落）

解説）日本語では「○○%アップ」と表現するが、ここでは「up ○○%」となっていることを覚えておこう。読めるだけでなく表現できるようにしよう。

7. The possibility / is increasing /// that South Korean budget carriers, / which are becoming more maneuverable, // will grow into a primary mode of air transport in East Asia in the near future.（第 11 段落）

解説）ここでの that は同格であり、possibility を説明し「…という可能性」を意味する。同格の that は先行する名詞の直後に置かれるのが普通だが、この文のように、that 以下が長くなる場合には名詞と that が離れることもある。

IV. ここに注目！

2011年6月27日付"Asia's discount airlines thriving"によると、マレーシアの格安航空会社エアアジアは、アジアのトップ・ポジションをうかがうまでになっている。同社は、2011年の1‐3月期に2億4,100万リンギット（1リンギット＝約25円）の純損益を出したマレーシア航空を業績でしのぎ、次の競争相手として、ブランディング力と実績を誇るシンガポール航空に狙いを定めている。本章では韓国の格安航空会社による中距離路線への参入を取り上げたが、エアアジアの子会社も、日本やヨーロッパへの中長距離の格安航空を開始しており、CEO トニー・フェルナンデスは、格安航空会社の生命線が5時間以下の便であるという神話を覆そうとしている。シンガポール航空も新たに長距離格安航空を作る計画をしており、両社の日本への影響も避けられないだろうとされている。

II. 要約力を高めよう！（解答）

1. 韓国の格安航空会社は中距離、短距離の国際線での市場開拓を目指している。（第1・2段落）
2. エアプサンとイースター航空。（第4段落）
3. イースター航空は、自社の運賃を一般の航空運賃よりも20〜30%低く設定し、エアプサンは顧客獲得のために大手航空会社の正規割引運賃よりも約30%低く自社の運賃を設定した。（第5段落）
4. 韓国を訪れる外国人観光客に照準を定め、韓国人の旅客需要だけに頼らない収益構造の確立を目指している。（第7・8段落）
5. 日本と中国という2大経済大国に挟まれた位置に韓国があること。（第11段落）

CHAPTER 12

China-North Korea projects raise eyebrows

① North Korea may have heightened tensions on the Korean Peninsula in November by shelling the South's Yeonpyeong Island, but that has not stopped it from giving the green light to a pair of distribution projects proposed by China. The logistics infrastructure being put into place through these projects aims to develop the economies of both northeastern China and North Korea. They may also affect the strategic environment in the region.
② The main project is the new Yalu River Bridge that will link Dandong in China's Liaoning Province with Sinuiju in North Korea. A groundbreaking ceremony for the bridge was held at the end of December in Dandong.
③ Roughly 70% of China's trade with North Korea passes through Dandong but the only bridge now linking the city with Sinuiju is the Sino-Korean Friendship Bridge, built during the Japanese occupation decades ago. Once the new Yalu River Bridge is completed, it is expected to become a new artery for trade between the two countries. China plans to pay for its construction.

語句）eyebrow まゆ、heighten ～を高める、tension 緊張、shell ～を砲撃する、stop …from ～ing …が～するのを押しとどめる、give the green light to ～に認可を与える、distribution 物流、logistics infrastructure ロジスティクス・インフラ（物流を合理化するための拠点と輸送ネットワークの環境）、put into place 整備する、affect ～に影響を与える、strategic 戦略的な、environment 環境、link A with B　A を B と結ぶ

CHAPTER 12

中国・北朝鮮のプロジェクトが注目を集める

① 北朝鮮は 11 月に韓国の延坪島を砲撃したことで朝鮮半島における緊張を高めたかもしれない。しかし、そのことによって、中国より提案された 2 つの物流プロジェクトに対し、北朝鮮が許可を与えるのを止めることはなかった。これらのプロジェクトを通じて整備されるロジスティクス・インフラは中国東北部と北朝鮮双方の経済の発展を目指している。これらのプロジェクトは、この地域における戦略的環境に影響を及ぼすこともありうる。
② 主なプロジェクトは、中国遼寧省の丹東を北朝鮮の新義州と結ぶ新鴨緑江橋である。橋の起工式が丹東で 12 月末に行われた。
③ 中国の北朝鮮との貿易のおよそ 70%が丹東を通じて行われるが、今のところ丹東と新義州と結ぶ唯一の橋は、数十年前に日本の占領期に建設された中朝友好橋のみだ。新鴨緑江橋が完成すれば、2 国間の貿易の新たな動脈となることが期待される。中国が建設費を出す予定である。

語句）groundbreaking ceremony 起工式、trade 貿易、pass through ～を通過する、occupation 占領期間、once S V …, S' V' ～ いったん…すると～、be completed 完成する、artery 動脈、pay for ～の費用を出す、construction 建設

④ The second project gives Chinese companies the right to use the port of Rajin in the North Korean city of Rason. Trial runs have already begun delivering coal to southeastern China from mines in Jilin Province via the North Korean port. Routing cargo through Rajin will be far more convenient than sending it on congested roads to the Chinese port city of Dalian.

⑤ North Korea has designated Rason as a special economic zone and it is near the border with China. Through Rajin, China gains access to the Sea of Japan, which could open up new routes between northern and southern China, as well as for trade with Japan and South Korea.

⑥ China has been pushing both projects for some time as a way to develop its relatively poor northeast. North Korea's OK means they can finally go ahead. China has made the cities of Changchun, Jilin and Tumen an economic development area, and is also considering upgrading North Korean infrastructure located just across the border from this area.

⑦ Because the border between China and North Korea is a sensitive area for national security reasons, much about the projects remains unclear. Up to now, North Korea has been hesitant to cooperate on logistics with China, worried that closer economic ties might lead to Chinese-style reform and opening, and that China might use the facilities for military purposes in an emergency.

語句） port 港、trial run 試験運行、deliver ～を運搬する、mine 炭鉱、via ～経由で、route ～を配送する、cargo 貨物、far はるかに（比較級 more を強調）、congested 混雑した、designate ～を指定する、special economic zone 経済特区、border 国境、gain access to ～にアクセスする、the Sea of Japan 日本海、open up ～を切り開く、push ～を押し進める、relatively 比較的に、go ahead 前進する

④ 2つ目のプロジェクトは、北朝鮮の羅先市にある羅津港を使用する権利を中国企業に与える。試験運行で、吉林省の炭鉱から北朝鮮のこの港を経由して中国南東部へと、石炭をすでに運搬し始めている。羅津経由での貨物の運搬は、混雑した道路を中国の港湾都市、大連まで輸送するよりもはるかに便利である。
⑤ 北朝鮮は羅先を経済特区に指定しており、羅先は中国との国境に近い。羅津経由で、中国は日本海にアクセスでき、このことが日本や韓国との貿易ルートだけでなく、中国の北部と南部を結ぶ新たなルートを開くことになるだろう。
⑥ 中国は比較的貧しい東北部を発展させる方策として、ここしばらく両方のプロジェクトを押し進めている。北朝鮮の了承は、両プロジェクトがついに前進可能になることを意味する。中国は、長春、吉林、豆満の各都市を経済開発区とし、この地区から国境を越えたすぐのところに位置する北朝鮮のインフラを改善することも考えている。
⑦ 中国と北朝鮮の国境は国家安全保障上の理由により不安定な地区であることから、これらのプロジェクトについては多くのことが不明のままだ。これまで、北朝鮮はロジスティクスに関して中国と協力することをためらってきた。深まる経済的な連携が、中国型の改革解放へと向かうのではないか、また中国が非常時に軍事目的で港湾施設を使用するのではないかと懸念したためであった。

語句）economic development area 経済開発区、upgrade ～を改良する、located ～に位置する、sensitive 不安定な、national security 国家安全保障、remain ～のままである、unclear 不明な、up to ～まで、hesitant ためらいがちな、cooperate 協力する、reform and opening 改革・解放、facility 施設、in an emergency 非常時に

⑧ Defense experts in neighboring countries see China's use of the North Korean ports of Rajin and Chingjin as evidence of its growing military might and note that China's navy could use these ports as a launch pad for expansion into the Sea of Japan.
⑨ According to a South Korean newspaper, China's military has started to be stationed in Rason, although China's Ministry of Foreign Affairs denied the report.
⑩ North Korean leader Kim Jong-il made two trips to China last year and the two countries have lately been strengthening their ties. There are reasons to think the North Korean leadership gave the go-ahead for the projects at such bitterly cold time for political reasons.
⑪ North Korea is isolated from the international community after shelling Yeonpyeong Island and because of its ongoing nuclear weapons program. And Kim is preparing to transfer power to his son Kim Jong-un amid grave economic problems. The North Korean leadership likely feels that shoring up links with China will help it both internally and diplomatically.
⑫ Economic cooperation between China and North Korea may shift the geopolitics of Northeast Asia, yet most Chinese businesspeople in the area have reacted coolly to the projects. Their business has always been at the mercy of such shifting political winds.
⑬ Japan and its neighbors will need to keep a close eye on developments in China and North Korea.

January 31, 2011

語句）defense 防衛、expert 専門家、neighboring countries 近隣諸国、see A as B　Aを Bとみなす、evidence 証拠、military might 軍事力、note ～を指摘する、navy 海軍、launch pad 出発点、be stationed in ～に駐留する、deny ～を否定する、lately 近ごろ、strengthen ～を強化する、give the go-ahead for ～に許可を与える、be isolated from ～から孤立している、international community 国際社会、ongoing 継続中の

⑧ 近隣諸国の防衛専門家は、中国による北朝鮮の港、羅先と清津の使用を中国の増大する軍事力の証とみており、中国海軍がこれらの港を日本海進出の出発点として使用するかもしれないと指摘している。
⑨ 韓国の新聞によれば、中国外務省は報道を否定しているが、中国軍は羅先に駐留し始めている。
⑩ 北朝鮮の指導者、金正日は、昨年、2 度訪中しており、両国は近ごろ連携を強化している。北朝鮮の指導部が、このような（政治的に）冷え込んだ時期に、これらのプロジェクトに政治的理由で許可を与えたと考えるにはいくつかのワケがある。
⑪ 北朝鮮は延坪島を砲撃したあと、国際社会から孤立しており、継続中の核兵器開発計画もまた孤立の原因となっている。また金正日は、深刻な経済問題の最中、息子の金正恩に権力を委譲する準備をしている。北朝鮮指導部は、中国との連携を強化することが、内政面と外交面の両方で自国を救うと感じているようだ。
⑫ 中国と北朝鮮の経済協力は北東アジアの地政学に変化を起こすかもしれないが、この地域にいる大方の中国人ビジネスマンは、これらのプロジェクトに対して冷ややかな反応を示してきた。彼らのビジネスは、めまぐるしく変化する政治の風向きに常に翻弄されてきたのだ。
⑬ 日本とその近隣諸国は中国と北朝鮮の発展から目が離せない。

2011 年 1 月 31 日

語句）nuclear weapons program 核兵器開発計画、transfer A to B　A を B に委譲する、amid ～の最中に、grave 深刻な、leadership 指導部、shore up ～を強化する、internally 内政的に、diplomatically 外交的に、economic cooperation 経済協力、shift ～を変化させる、geopolitics 地政学、be at the mercy of ～に翻弄される、shifting （風向きが）変わりやすい、political wind 政治の風向き、keep a close eye on ～を注視し続ける

TRAINING

I. この語（句）だけは覚えよう！

<Step 1>

1. tension ______________________
2. distribution ______________________
3. affect ______________________
4. be completed ______________________
5. port ______________________
6. relatively ______________________
7. hesitant ______________________
8. navy ______________________
9. grave ______________________
10. diplomatically ______________________

<Step 2>

1. groundbreaking ceremony __________
2. artery ______________________
3. congested ______________________
4. designate ______________________
5. reform and opening ______________
6. launch pad ______________________
7. ongoing ______________________
8. amid ______________________
9. shore up ______________________
10. geopolitics ______________________

II. 要約力を高めよう！

1. 中国が北朝鮮に提案した2つの物流プロジェクトとは何か。
2. 中国が2つのプロジェクトを進める理由は何か。
3. 北朝鮮が中国の提案するプロジェクトへの協力をためらっていた理由は何か。
4. 近隣諸国の防衛専門家は中国の羅津港の使用をどのようにとらえているか。
5. 北朝鮮指導部は、中国との連携強化が自国を内政的及び外交的に支えると考えているようである。北朝鮮が抱える内政面での問題と外交面での問題はそれぞれ何か。

III. 文法力・構文把握力を高めよう！

1. North Korea may have heightened tensions / on the Korean Peninsula / in November / by shelling the South's Yeonpyeong Island, ... （第 1 段落）

解説）「助動詞＋have＋過去分詞」で、助動詞に過去時制をもたらす。したがって、「may＋have＋過去分詞」で、「…したかもしれない」という過去の推量を表す。

2. Routing cargo through Rajin will be far more convenient than sending it on congested roads to the Chinese port city of Dalian. （第 4 段落）

解説）比較級の文では、何と何を比べているかを明確にしよう。than の後ろに sending があるので、同じように、動詞に ing がついた routing と比べている、というように判断すればよい。far は比較級の強調で「はるかに」。

3. Through Rajin, / China gains access to the Sea of Japan, / which could open up new routes between northern and southern China, as well as for trade with Japan and South Korea. （第 5 段落）

解説）後半部分の先頭の関係代名詞 which は先行する前半部分全体の内容を指す。また、 which に続く助動詞 could は、形は過去形だが現在または未来に対する推量を表す。

4. China has been pushing both projects / for some time / as a way to develop / its relatively poor northeast. （第 6 段落）

解説）現在完了進行形「have been …ing」は、主語の取る動作が過去のある時点から現在まで一定の期間続いてきたこと、またその動作が今後も続くことを表す。

5. Up to now, / North Korea has been hesitant / to cooperate on logistics with China, // worried that closer economic ties / might lead to Chinese-style reform and opening, / and that China might use the facilities for military purposes in an emergency. （第 7 段落）

解説）worried 以下は being が省略されたかたちの分詞構文で、主節 North Korea…China で言及された内容の理由を説明している。また、worried that… and that…となっており、「不安が 2 つ存在する」という意味である。

6. Defense experts in neighboring countries / see China's use of the North Korean ports of Rajin and Chingjin / as evidence of its growing military might // and note that China's navy could use these ports as a launch pad for expansion into the Sea of Japan. （第 8 段落）

解説）「see A as B」が使われているが、A と B がそれぞれ長めになっているので注意しよう。and は see と note をつないでいる。might は助動詞ではなく「力」という意味の名詞。

IV. ここに注目！

アジア各地で自国の安定的経済成長を目指してインフラ整備が進められているが、インドネシアもその例外ではない。2011 年 6 月 6 日付"Asia takes to renewable energy"によれば、人口、GDP、土地面積において ASEAN 最大の加盟国である同国は、今後 4 年で 1,815 億ドル相当のインフラ開発を開始する予定である。その資金調達は民間部門に頼るものである。たとえば、国有電力会社 PT PLN の 200 万 kw の石炭火力発電所建設計画は、「build-operate-transfer」という手法でおこなわれる。入札で決定された民間企業が発電所を建設（build）、運営して（operate）、PLN に電気を販売する。そして 25 年後に、発電所の所有権を国有企業に返還する（transfer）というものである。こうしたなか、中国はジャワ島とマドラ島に架かるスラマドゥ橋建設を支援した経験を活かして、90 億ドルの融資計画を発表した。

II. 要約力を高めよう！（解答）

1. 新鴨緑江橋の建設をすることと、羅津港の使用権を中国企業に与えること。（第1・2・4段落）
2. 中国東北部の経済的発展のため。（第6段落）
3. 中国との密な経済交流が中国型の改革解放を自国内にもたらすのではないか、また、中国が非常時に自国の港湾を軍事目的に使用するのではないかと懸念したため。（第7段落）
4. 中国の軍事力が成長している証拠であり、中国海軍が北朝鮮の港を日本海進出の足掛かりにするかもしれないとみている。（第8段落）
5. 内政面での問題は、深刻な経済状況に金親子の権力移譲の時期が重なっていること。外交面での問題は、延坪島への砲撃と核兵器開発の継続とが原因で国際社会から孤立していること。（第11段落）

CHAPTER 13

India makes inroads in Africa

① NEW DELHI—At the start of a six-day trip to Africa in late May, Indian Prime Minister Manmohan Singh discussed the ways in which India would support Africa, saying that the India-Africa partnership centered on capacity building, the transfer of skills, trade and infrastructure development. India is now trying to expand its economic ties with Africa in line with its own strategies.

② Singh visited Addis Ababa to attend the second Africa-India Forum Summit at the African Union's headquarters in the Ethiopian capital. In a speech at the summit, he said India would provide $5 billion in loans to Africa over the next three years. He also promised about $1 billion in aid for a number of projects in Africa, including the construction of railway line between Ethiopia and Djibouti. In Tanzania, his second destination, Singh offered a maximum $190 million loan to supply water and provide educational support.

語句）make inroads 進出する、capacity building 能力開発、transfer of skills 技術移転、infrastructure インフラ（水道・電気・鉄道・学校・工場などの社会の基本設備）、expand ～を拡大する、in line with ～と一致（同調・調和）して、～に沿って、strategy 戦略、Africa-India Forum Summit (AIFS) アフリカ・インド・フォーラム・サミット、headquarters 本部、capital 首都、aid 援助、a number of 多くの

インド、アフリカへ進出

① ニュー・デリー —— 5月末、アフリカへの6日間の外遊の冒頭、インドのマンモハン・シン首相は、インドによるアフリカ支援のありかたを討議し、インドとアフリカの相互協力関係は、能力向上、技術移転、貿易、インフラ開発に重点を置いていると述べた。インドは現在、自国の戦略に沿って、アフリカとの経済連携を拡充しようとしている。
② エチオピアの首都にあるアフリカ連合本部で開催された第2回アフリカ・インド・フォーラム・サミット（AIFS）に出席するため、シン首相はアディスアベバを訪れた。サミットでの演説において、インドは今後3年にわたり、アフリカに対して50億ドルの融資をおこなうと首相は表明した。また、エチオピア・ジブチ間の鉄道建設を含む多くのプロジェクトへ向けた、約10億ドルの援助を約束した。次の外遊地タンザニアでは、水の供給と教育支援のための、最高1億9,000万ドルの融資を申し出た。

語句）construction 建設、工事、destination 目的地

③ The Indian Ministry of External Affairs said the government's main objective is to help private Indian companies move into Africa. Indeed, Indian companies are active in starting and expanding operations on the continent. Bharti Airtel Ltd., India's leading telecommunications company, acquired the Africa operations of Zain Group, a major Kuwait-based mobile telecommunications firm, for about $10 billion last year. The company will also invest another $1 billion this year to expand its telecommunications network in Africa.

④ Godrej Consumer Products Ltd., a major manufacturer of household goods and personal care products under the Godrej group, an Indian conglomerate, plans to acquire Darling Group Holdings, a South African hair-care company. Godrej has already acquired three cosmetics-related firms and businesses in Africa.

⑤ Tata Motors Ltd. is reportedly planning to build a plant to produce its bargain-priced Nano car in Africa, where used vehicles account for most of the automobile market. Companies are expected to increasingly focus on the consumer goods market in Africa, where income levels are close to India's level.

⑥ India's efforts to accelerate its support for Africa are also being driven by its rivalry with China, which has a head start in the acquisition of interests in areas such as the petroleum industry and other resource sectors in Africa. According to Reuters, India's trade with Africa reached $46 billion last year, or less than half of the roughly $108 billion in Africa-related trade that China posted in 2008.

語句）the Indian Ministry of External Affairs インド外務省、objective 目的、private company 民間企業、leading 主要な、telecommunications 電気通信、テレコム、acquire ～を買収する、operation 事業、-based ～に拠点を置く、firm 企業、invest ～を投資する、conglomerate 複合企業体、-related ～関連の、reportedly 伝えられるところでは

③ 政府の主なねらいは、インドの民間企業がアフリカへ進出するのを手助けすることであると、インド外務省は明かした。実際、インド企業は、アフリカ大陸での起業と事業拡大に積極的な姿勢を見せている。昨年、インドの主要な通信企業、バーティ・エアテルは、クウェートに本社を置く、大手の携帯通信企業であるザイン・グループのアフリカ事業を、約100億ドルで買収した。同社は、アフリカでの通信ネットワークを拡張するため、今年さらに10億ドル投資する予定にしている。
④ インドの複合企業体、ゴドレジ・グループ傘下にある、日用品とパーソナルケア用品の大手メーカー、ゴドレジ・コンシューマー・プロダクツは、南アフリカのヘアケア・メーカーであるダーリン・グループ・ホールディングスの買収を計画している。ゴドレジは、アフリカにおいて、3社の化粧品関連企業と事業をすでに買収している。
⑤ 中古車が自動車市場の大部分を占めているアフリカにおいて、伝えられるところでは、タタ・モーターズが低価格車「ナノ」の製造工場建設を計画している。所得水準がインドに近いアフリカでは、多くの企業による、消費財市場へのさらなる重点的な取り組みが期待されている。
⑥ また、インドによるアフリカ支援への、ペースを上げての取り組みは、中国への対抗意識によって駆り立てられている。中国は、アフリカでの石油産業や、その他の資源部門における利権獲得において有利なスタートを切った。ロイターによると、インドによるアフリカとの貿易額は、昨年、460億ドル、つまり、2008年に中国が発表したアフリカ関連の貿易額、約1,080億ドルの半分弱に達した。

語句） **Nano** ナノ（タタ・モーターズが開発した小型自動車の名称）、**account for**（ある部分・割合を）占める、（試合で点数を）得点する、（〜の理由・原因）を説明する、〜の原因となる、**income** 収入、**head start** 有利なスタート、**petroleum industry** 石油産業、**resource sector** 資源部門、**roughly** 約

⑦ India's support has also extended to helping Africa develop its soft power. Recently, the Indian government provided education and training for more than 400 young future executive candidates sent by African governments in areas such as infrastructure development, food processing and activities related to the response to climate change, by drawing on resources in domestic educational institutions. The participants were reportedly drawn from as many as 41 African Union member countries.

⑧ Of course, it is true that India's efforts are partly aimed at winning the support of African countries in its bid for a permanent seat on the United Nations Security Council. And one Indian newspaper recently argued that the country's assistance to Africa is more humane than the Africa-related aid and investment coming from China.

⑨ India's approach to helping Africa centers on technology transfer and education across the continent, in addition to the development of infrastructure and efforts to tap African markets, with the aim of building a mutually beneficial relationship. The Indian government plans to continue to provide support to Africa in a different way than China, which is busy obtaining resources throughout the continent.

July 11, 2011

語句）extend to ～に及ぶ、soft power ソフト・パワー（政治／文化面への理解から国際社会での信頼や発言力を得る力）、executive 幹部、candidate 候補、food processing 食品加工、draw on ～に頼る、domestic 国内の、in a bid for ～のため、the United Nations Security Council 国連安全保障理事会、humane 思いやりのある、with the aim of (doing) ～するという目的で

⑦ さらに、インドの支援はアフリカがソフト・パワーを成長させる援助にまで及んでいる。近年、インド政府は、インフラ開発、食品加工、気候変動の対応に関連した活動などの分野で、アフリカ政府により派遣された400名を超える未来の若き幹部候補者たちに教育訓練の機会を与えた。それらは、国内の教育機関の援助に頼っている。伝えられるところでは、参加者は、41 ものアフリカ連合加盟国から選ばれた。
⑧ 当然、(こうした) インドの取り組みには、ある程度、国連安全保障理事会の常任理事国入りのために、アフリカ諸国から支持を獲得したいというもくろみがある。最近、インドのある新聞は、インドによるアフリカ援助が、中国からのアフリカ関連支援や投資より人道的だと論じた。
⑨ アフリカ援助に対するインドのアプローチは、互恵関係構築を目指しており、アフリカ市場開拓のためのインフラ開発やさまざまな取り組みに加えて、アフリカ大陸全体での技術移転や教育に重点を置いている。インド政府は、アフリカの資源獲得に忙しい中国とは異なる方法で、支援を継続しようとしている。

2011 年 7 月 11 日

語句) **mutually beneficial relationship** 互恵関係 (互いに特別の便宜や利益を与えあう関係)

TRAINING

I. この語（句）だけは覚えよう！

＜Step 1＞

1. headquaters ______________
2. capital ______________
3. aid ______________
4. destination ______________
5. leading ______________
6. firm ______________
7. income ______________
8. resource sector ______________
9. candidate ______________
10. aim ______________

＜Step 2＞

1. capacity building ______________
2. transfer of skills ______________
3. in line with ______________
4. conglomerate ______________
5. head start ______________
6. petroleum ______________
7. extend to ______________
8. draw on ______________
9. in a bid for ______________
10. mutually beneficial ______________

II. 要約力を高めよう！

1. インドがアフリカとのより良い経済関係を築くために重要視している分野は何か。
2. インドによるアフリカ支援の目的を 2 つ挙げよ。
3. インド企業によるアフリカ進出の具体例を 3 つ挙げよ。
4. インドのアフリカ進出を促している要因は何か。
5. インドの新聞が、自国のアフリカ支援を、中国による支援よりも人道的とみなす理由を述べよ。

III. 文法力・構文把握力を高めよう！

1. Godrej Consumer Products Ltd., a major manufacturer of household goods and personal care products / under the Godrej group, an Indian conglomerate, // plans to acquire Darling Group Holdings, a South African hair-care company. （第 4 段落）

解説）補足説明するための同格表現に注意しよう。a major…products が Godrej Consumer Products Ltd.、an Indian conglomerate が the Godrej Group、a South …company が Darling Group Holdings を説明している。Godrej から conglomerate までがこの文章の主語である。

2. Companies are expected to increasingly focus on the consumer goods market in Africa, / where income levels are close to India's level. （第 5 段落）

解説）不定詞における副詞の位置に注意しよう。副詞は動詞を修飾し、ここでは、副詞 increasingly が to と動詞 focus の間に置かれて、focus を前から修飾している。また、where は in Africa を指している。

3. India's support has also extended to helping Africa develop its soft power. Recently, the Indian government // provided education and training / for more than 400 young future executive candidates / sent by African governments / in areas such as infrastructure development, food processing and activities / related to the response to climate change, / by drawing on resources in domestic educational institutions. （第 7 段落）

解説）原型不定詞と分詞の後置修飾に注意しよう。原型不定詞とは、不定詞（to ＋動詞の原形）の to を必要としないものである。develop は原型不定で、直訳すると「アフリカが…を発展させるのを手伝うこと」となる。使役動詞（make, have, let）や知覚動詞（hear, see）も、動詞＋目的語＋原型不定詞の形で使われる。また、sent…government が candidates を修飾し、related…change が activities を修飾している。

4. The Indian government / plans to continue to provide support to Africa in a different way than China, which is busy obtaining resources throughout the continent.（第 9 段落）

解説）different に続く前置詞は from が一般的だが、この文章のように than もよく使用される。関係詞（which、where など）の制限用法（先行詞と関係詞の間にコンマ“，”がない）と、非制限用法（先行詞と関係詞の間にコンマがある）の違いを確認しよう。例を見てみよう。ちなみに以下の文章では sons が先行詞である。

He has two sons who are high school students.

（彼には高校生の息子が 2 人いる。→彼には他に子供がいるかもしれない。）

He has two sons, who are high school students.

（彼には 2 人の息子がいる。そして、彼らは高校生である。→彼には他に子供はいない。）

非制限用法の場合、and を補って訳すとしっくりくることが多い。また which の非制限用法は、前文を指すことがある。

IV. ここに注目！

2011 年 8 月 15 日付“India firms boost car ops abroad”によると、本章でも言及されているタタ・モーターズは、アフリカにおける低価格車「ナノ」用の工場建設計画以外でも、世界の自動車市場で存在感を示しており、トラック部門で第 4 位、バス部門で第 3 位であり、2008 年にはイギリスのジャガー・ランドローバー社を買収して、南アフリカに対してはそのブランドを含めた車の輸出をおこなっている。

また、インド国内におけるモーターバイク生産で第 3 位の TVS モーターは、100cc のバイクを中国で生産してアフリカや、ブラジルを含む南アメリカに輸出するとしている。生産コストに関して、中国の方がインドよりも 15～20% 安く、労働賃金コストでは両国に差はないものの、エネルギー・コスト、中間管理職賃金、ローン金利において中国の方が低いことが、こうした状況の一因となっているとのことである。

タタ・モーターズのアフリカや中国への進出の一方で、2011年2月21日付"Hyundai sets sights on global No.4 spot"によれば、価格競争率と品質に対する評価を高めてきた韓国の現代自動車は、自動車生産で世界第4位に迫る勢いをつけ、トルコ、インド、中国、アメリカ、チェコ、ロシア、6カ国に工場を持ち、ブラジルでも工場建設を進めており、2000年に200万台代であった生産が2010年には600万台に近づき、倍以上の成長を遂げている。

II. 要約力を高めよう！（解答）

1. 能力向上、技術移転、貿易、インフラ開発。（第1段落）
2. インドの民間企業のアフリカ進出。インドの国連安全保障理事会、常任理事国入りの支持獲得。（第3・8段落）
3. バーティ・エアテルによる、大手携帯通信企業、ザイン・グループのアフリカ事業買収。ゴドレジ・コンシューマー・プロダクツによる、南アフリカのヘアケア・メーカー、ダーリン・グループ・ホールディングスの買収。タタ・モーターズによる工場の建設。（第3・4・5段落）
4. 石油産業とその他資源部門において優位に立っている中国への対抗意識。（第6段落）
5. インドがアフリカのソフト・パワーを成長させる手助けをおこない、互恵関係を構築しようとしているため。（第7・8・9段落）

CHAPTER 14

Vietnamese firms making moves into Chinese market

① HANOI—Trung Nguyen Corp. is a cafe chain operator and a leading venture firm in Vietnam. It started business in China in 2008 and aims to expand its chain in the lucrative market this year.

② Coffee consumption is growing in China, mainly among young urban dwellers. The trend gives a big business opportunity to Vietnam, one of the world's top coffee producers. Trung Nguyen is expanding its sales route through an agent in southern China and plans to open shops in Beijing, Shanghai and other major cities. It also aims to start providing better-quality and more expensive coffee for urban residents with higher income.

③ Cassava flour is among products whose exports to China are expected to increase. Vietnamese firms are boosting output of the key ingredient for tapioca and other dishes. Food processing company Aforimex Co. is the top producer of cassava flour in Vietnam and has a roughly 3,000-hectare (7,400-acre) farm in the southern Dak Nong Province. Aforimex has raised its daily output of cassava flour to 300 metric tons to meet growing demand for use in condiments and sweets.

語句）operator 経営者、leading 主要な、venture firm ベンチャー企業（ただし、ベンチャー・キャピタル、すなわち、高い成長率が見込まれる未上場企業に対して投資をおこなう投資ファンドを意味することもある）、aim to 〜をねらう、〜しようと努力する、lucrative もうかる、dweller 住人、agent 代理人（店）、resident 居住者、income 所得、cassava flour キャッサバ粉＝タピオカ澱粉、boost 〜を増やす、output 生産

CHAPTER 14

ベトナム企業、中国市場に進出

① ハノイ——チェングエン社は、カフェ・チェーンを運営する、ベトナム大手のベンチャー企業である。同社は 2008 年に中国で営業を開始し、今年はこの大きな利益が見込まれる市場でのチェーン拡大を目指している。
② 中国、特に都会の若者のあいだでコーヒーの消費量が増加している。この流行が、世界有数のコーヒー生産国であるベトナムに大きなビジネスチャンスをもたらしている。チェングエン社は、中国南部の代理店を通じた販売ルートを広げており、北京、上海、その他主要都市での出店を進めている。また同社は、都会に住む、より所得の高い層へ向けて、もっと質が高くて高価なコーヒーの提供を開始しようとしている。
③ 中国への輸出増が見込まれる生産品の中に、キャッサバ粉がある。ベトナム企業は、タピオカやその他の料理の主な材料の生産高を伸ばしている。食品加工会社であるアフォリメクックス社は、ベトナムでのキャッサバ粉生産の首位にあり、ダクノン省におよそ 3,000 ヘクタール（7,400 エーカー）の耕地を所有している。 同社は、調味料や菓子用として増大する需要を満たすため、キャッサバ粉の一日あたりの生産量を 300 トンに引き上げた。

語句）ingredient 成分、原料、food processing 食品加工、metric ton メートルトン（＝トン）1,000kg、condiment 調味料

④ But cassava flour has a relatively low profit margin. So Aforimex is considering building a bioethanol plant to add value and improve profitability.
⑤ Fruits are also promising exports. Midsize foodmaker Vinamit Joint Stock Co. is stepping up exports of dried fruits. Sales of jackfruit and other types of fruits that are difficult to find in China are growing. China sales accounted for about 30% of the total last year. Thanks to their lower prices than rivals from Thailand or Indonesia, Vinamit's sales route is expanding across China, from Guangdong Province to Shanghai.
⑥ China is Vietnam's biggest trading partner, but imports far exceed exports. About 90% of Vietnam's trade deficit in 2010 came from China. Vietnam imports industrial components and electronics devices while exporting low value items such as rubber, coal and foods.
⑦ Narrowing the trade gap is the top policy priority for the government along with curbing inflation. Prof. Masaya Shiraishi of Waseda University Graduate School of Asia-Pacific Studies said the government and businesses used to think that China was eating into their domestic market, but they have adopted an aggressive stance to develop the Chinese market with 1.3 billion people.

語句）profit margin 利幅、bioethanol plant バイオエタノール工場、improve ～を改善する、profitability 収益性、promising 見込みのある、将来性のある、joint stock Co. 株式会社的社団、step up ～を高める、増大させる、account for ～を占める、thanks to ～のおかげで、exceed ～を上回る、trade deficit 貿易赤字、industrial component 工業部品、top policy priority 最優先政策事項、along with ～とともに

④ しかし、キャッサバ粉は相対的に利幅が少ない。そこでアフォリメックス社は、付加価値をつけ、収益性を高めるために、バイオエタノール工場の建設を検討している。
⑤ フルーツも将来性のある輸出品である。中堅食品メーカーであるヴィナミット社は、ドライフルーツの輸出を増加させている。中国ではあまり見られないジャックフルーツとその他のフルーツの売上高も増加している。昨年は中国での売上げが総売上げのおよそ 30%を占めた。タイやインドネシア産のライバル商品より低価格なため、ヴィナミット社の販売ルートは中国の広東省から上海へと、中国各地に拡大している。
⑥ 中国は、ベトナムにとって最大の貿易相手国だが、輸入が大幅に輸出を上回っている。2010 年のベトナムの貿易赤字の 90%は、対中国によるものである。ベトナムは、天然ゴム、石炭、食品などの安価な商品を輸出している一方で、工業部品と電子機器を輸入している。
⑦ インフレ抑制とともに、貿易格差是正がベトナム政府にとって最優先政策事項である。早稲田大学大学院アジア太平洋研究科の白石昌也教授によれば、ベトナム政府や企業は、中国がベトナム国内の市場を食い荒らしているとかつては考えていたが、今では、13 億の人口を持つ中国市場開拓に積極的な姿勢を取ってきている。

語句）curbing inflation インフレ抑制、eat into （財産を）使い込んでしまう、（他の事に）食い込んでしまう、domestic 国内の、adopt ～を採用する、aggressive 積極的な

⑧ Viet Trang Import Export Joint Stock Co., a wood products supplier and real estate developer, is a front-runner. It has established the Vietnam trade center in Nanning, Guangxi Zhuang Autonomous Region, to promote exports to China. The center introduces products of prospective exporters and leases part of its office to Vietnamese firms. It can also be used as a warehouse for export items. Viet Trang recently started a distribution business.

⑨ But these moves are not enough to reduce the trade deficit with China, which exceeds $10 billion a year. If foreign manufacturers operating in Vietnam increased exports to China, the deficit would fall. But their production systems are unlikely to change drastically. Samsung Electronics Co. produces mobile phones in Vietnam and exports 95% of them. But the Southern Korean maker said it is unlikely to export from Vietnam to China because it already has a production base in that country.

⑩ Prof. Daisuke Hosokawa of Osaka University of Economics said inviting Chinese firms to Vietnam is the key. Accepting Chinese parts makers would boost exports to assembly makers back in China.

⑪ Vietnam is said to have been reluctant to invite Chinese companies due to concerns for national security, distrust of their environmental policies and worries about an influx of Chinese workers. But only maintaining its long-held policy of nurturing heavy and chemical as well as the high-tech sector will not help slash the trade deficit.

May 16, 2011

語句）real estate 不動産、developer デベロッパー（大規模な宅地造成、オフィスビルの建設などを手がける開発業者のこと）、front-runner 先頭を走る人、リードしている人、（選挙などの）最有力候補、establish ～を設立する、Nanning, Guangxi Zhuang Autonomous Region 広西チワン族自治区南寧市、prospective 見込みのある、warehouse 倉庫、distribution business 物流ビジネス、drastically 徹底的に

⑧ 木工製品製造業者、不動産開発業者であるベトチャン輸出入株式会社はトップを走っている。同社は、中国への輸出を促進するために、広西チワン族自治区南寧にベトナム貿易センターを設立した。同センターは、将来性のある輸出品を紹介し、ベトナム企業にオフィスの一部を貸している。また輸出品用の倉庫としても使用されている。近頃ベトチャン輸出入株式会社は、物流ビジネスに着手した。

⑨ しかしこれらの手だても、1年で100億ドルを超える対中貿易赤字を減らすには不十分である。もしベトナムで事業展開している外国のメーカーが中国への輸出を増加させれば、赤字は減少するだろう。しかし彼らの生産体制は劇的に変わりそうもない。サムソン電子は、ベトナムで携帯電話を製造し、その95%を輸出している。しかし、その韓国メーカーが言うには、すでに中国には生産拠点があるので、ベトナムから中国への輸出の見込みはない。

⑩ 大阪大学経済学部の細川大輔教授は、中国企業のベトナムへの誘致が鍵であると述べている。中国の部品メーカーを（ベトナムに）受け入れれば、中国にあるアセンブリメーカーへの（つまり、ベトナムで作られた部品が中国に戻ることになり）輸出を増加させるだろう。

⑪ ベトナムは、国家安全保障への懸念、中国企業の環境政策への不信、中国人労働者流入への不安のため、中国企業の誘致に消極的だと言われていた。しかし、ハイテク分野と同様に重工業分野、化学分野を育成するという長年掲げてきた政策を維持するだけでは、貿易赤字を減少させる助けとはならないだろう。

2011年5月16日

語句）production base 生産拠点、生産基盤、assembly maker アセンブリメーカー（部品を組み立てて製品にするメーカーのこと）、reluctant 気乗りしない、気の進まない、distrust 不信、influx 流入、long-held かねての、nurture ～を育てる、heavy industry 重工業、chemical industry 化学工業、sector 部門、slash ～を削減する

TRAINING

I. この語（句）だけは覚えよう！

<Step 1>

1. dweller ____________________
2. output ____________________
3. ingredient ____________________
4. promising ____________________
5. component ____________________
6. adopt ____________________
7. prospective ____________________
8. warehouse ____________________
9. reluctant ____________________
10. nurture ____________________

<Step 2>

1. lucrative ____________________
2. food processing ____________________
3. profit margin ____________________
4. profitability ____________________
5. trade deficit ____________________
6. curbing inflation ____________________
7. real estate ____________________
8. drastically ____________________
9. influx ____________________
10. slash ____________________

II. 要約力を高めよう！

1. 中国への輸出量が増加傾向にあるベトナムの生産品を３つ挙げよ。
2. なぜベトナムの対中貿易は赤字となっているのか。
3. 対中貿易を改善するための具体例を挙げよ。
4. 対中貿易赤字に関連して、ベトナムへの企業誘致が抱える問題点は何か。
5. 対中貿易赤字を解消させる可能性がある具体策はどのようなものか。

III. 文法力・構文把握力を高めよう！

1. It also aims to start providing better-quality and more expensive coffee … .
（第 2 段落）

Narrowing the trade gap is the top policy priority for the government along with curbing inflation.（第 7 段落）

Fruits are also promising exports.（第 5 段落）

解説）動名詞は名詞的役割を持ち、主語、動詞や前置詞の目的語として使用する。providing、curbing は目的語、Narrowing は主語となっているので、動名詞として「…すること」と訳す。一方、現在分詞は形容詞的な役割を持ち、名詞を修飾する。promising は export を修飾する現在分詞で、「見込みのある輸出品」と訳す。

2. Prof. Masaya Shiraishi of Waseda University Graduate School of Asia-Pacific Studies said // the government and businesses / used to think that China / was eating into their domestic market, // but they have adopted an aggressive stance to develop the Chinese market with 1.3 billion people.（第 7 段落）

解説）完了形のニュアンスを明確にとらえよう。完了形の主な意味の 1 つに、「動作の完了」（…してしまった、…したところだ）があるが、have adopted は、それより前に「過去の状態」を表す助動詞 used to「昔…だった」があるので、それと対比させて「今は…している（の状態にある）」と解釈できる。

3. Samsung Electronics Co. / produces mobile phones in Vietnam and exports 95% of them. But the Southern Korean maker said // it is unlikely to export from Vietnam to China / because it already has a production base in that country.（第 9 段落）

解説）代名詞の指示対象を明確にしよう。特に、代名詞が文中に頻出している場合は、それぞれが何を示しているのか文意に沿って適切にとらえる必要がある。them は mobile phones、2 箇所の it は Samsung Electronics Co.（= the

Southern Korean maker)、3 行目の that country は China を指している。ちなみに、2 行目の be unlikely to は「…しそうにない」という意味である。

4. Vietnam is said to have been reluctant to invite Chinese companies // due to concerns for national security, / distrust of their environmental policies / and worries about an influx of Chinese workers. (第 11 段落)

解説) to 不定詞における「have+動詞の過去分詞形」は過去を表す。また、due to「…の理由で」以下に、and でつながれた (A, B, and C のかたちで) 3 つの理由が挙げられている。

IV. ここに注目!

2011 年 1 月 31 日付"Vietnams sets sights on stable growth"は、ベトナムがグエン・タン・ズン首相のもとで、安定的経済成長のための産業構造の向上を掲げて、輸出増加を可能にするハイテク部門の育成を鍵とし、2020 年までに近代化、産業化された経済を目指していると報じている。日本企業関連では、南北を結ぶ高速鉄道建設に新幹線の採用が予定されており、原子力発電所建設やレアアースメタル開発などの計画もある。

その一方で、国際通貨基金や世界銀行は、目標成長率を 7~8%とするベトナムの経済成長が速過ぎるとしており、輸入の増加による貿易赤字 (特に対中国)、および、インフレ圧力の増大を懸念する声もあがっている。そこでベトナムは輸出を増加させるために、アメリカ市場に期待して、TPP 交渉に参加を決定している。ちなみに、「経団連タイムズ」によれば、2011 年 10 月にズン首相らが、経団連を訪問して米倉会長らと意見交換している。

http://www.keidanren.or.jp/japanese/journal/times/2011/1110/02.html (経団連訪問)

II. 要約力を高めよう！（解答）

1. コーヒー、キャッサバ粉、フルーツ（ドライフルーツ）。（第1・2・3・5段落）
2. ベトナムは農作物や天然資源など比較的安価な品目を中国に輸出している一方で、工業部品や電子機器などの高価な商品を中国から輸入しているから。（第4・6段落）
3. ベトチャン輸出入株式会社が中国にベトナム貿易センターを設立し、そこで将来性のある輸出品の宣伝をおこない、ベトナム企業にオフィスの一部を貸していること。（第8段落）
4. ベトナムで外国企業が事業運営、輸出をおこなうとしても、対中貿易とならない可能性が高く、貿易赤字解消にはつながらないという点。（第9段落）
5. 中国の部品メーカーをベトナムに誘致し、製造した部品を中国のアセンブリメーカーに輸出すること。（第10段落）

CHAPTER 15

Singapore's PAP in reform mode

① SINGAPORE—Prime minister Lee Hsien Loong described the quinquennial general elections in May as a "political watershed."

② In the election, the opposition Workers' Party of Singapore won an unprecedented six parliamentary seats, while the long-ruling People's Action Party gained a record low 60% of the popular vote. Ever since the elections, the PAP, which is still the ruling party, has been showing its political mettle by quickly sensing a shift in voter's sentiment and taking reform measures.

③ It is often said that Singapore contains two tame beasts. One is its landmark Merlion statue — the embodiment of the city-state's economic strength. Singapore's Merlion is a symbol of the city-state economically growing at the fastest pace among the Southeast Asian nations. The 8-meter-high statue of the imaginary creature, which has the head of a lion and the body of a fish, is located in Singapore's financial center.

④ Another is the gerrymander. The term gerrymander was first coined in the U.S. in the 19th century when the then Massachusetts Gov. Elbridge Gerry rezoned the state senate election districts to favor the party in power. As the oddly shaped new districts resembled the shape of a salamander, the process was named after the governor and the amphibian.

語句）reform 改善、prime minister 首相、quinquennial 5 年（ごと）の、general election 総選挙、watershed 分水嶺、分岐点、opposition party 野党、Worker's Party（WP）労働者党、unprecedented 前例のない、parliamentary seat 議席、People's Action Party（PAP）人民行動党、popular vote 一般得票、ruling party 与党、mettle 気質、決断力、voter 有権者、sentiment 意見、take measures 措置を講じる、tame 飼いならされた

CHAPTER 15

シンガポール人民行動党、改変期へ

① シンガポール——リー・シェンロン首相は、5月におこなわれる5年ぶりの総選挙を「政治的分岐点」と表現した。
② 今回の総選挙では、長期政権を築いてきた人民行動党の一般得票率は過去最低の60%に留まった一方、野党シンガポール労働者党は6議席を獲得する躍進を見せた。総選挙以来、依然として与党である人民行動党は有権者の意見を俊敏に理解し、改善措置を講じることで、政治的決断力を示してきた。
③ シンガポールには飼いならされた2頭の獣がいるとよく言われる。1頭はランドマークのマーライオン像であり、都市国家の経済力の化身である。シンガポールのマーライオンは、東南アジアで最速の経済成長を見せる都市国家の象徴である。ライオンの頭部と魚の胴部を持つ、想像上の生物の高さ8mの像は金融の中心地に置かれている。
④ もう1頭はゲリマンダーである。ゲリマンダーという言葉がはじめて作られたのは19世紀のアメリカである。当時のマサチューセッツ州知事エルブリッジ・ゲリーは、与党に有利に働くよう上院議員選挙区を再区画した。奇妙な形をした新しい選挙区がサラマンダーの形に似ていたため、その行為は、知事（ゲリー）とその両生類（サラマンダー）にちなんで名付けられた。

語句） beast 獣、landmark 目印、ランドマーク、statue 像、embodiment 化身、権化、city-state 都市国家、financial center 金融中心地、coin （語句を）新しく作る、Gov.= governor 州知事、rezone ～を再区画する、senate 上院、district 地区、favor ～に有利な計らいをする、party in power 与党、oddly 奇妙に、salamander サラマンダー、山椒魚、name after ～にちなんで名付ける、amphibian 両生類

⑤ The practice of gerrymandering seems to be the PAP's usual electioneering tactics of redistricting constituencies to favor the ruling party. But in the biggest battleground constituency of this year's general elections, the opposition party prevailed despite the manipulation.

⑥ The key figure in May polls was WP Secretary-General Low Thia Khiang. Since 1991, he had won four straight terms in the Hougang single-seat constituency. For 2011 elections, the 54-year-old opposition party leader moved to the adjacent five-seat Aljunied group representation constituency, making it the most fiercely contested battleground this year.

⑦ Low won the constituency and unseated the incumbent, Foreign Minister George Yong-Boon Yeo. Low's feat was an unprecedented event in Singapore, where the PAP has controlled more than 90% of the parliament since independence in 1965.

⑧ Low has a gentle personality. But in the past, there was a time when Low raised his voice to criticize the way votes were counted. Given that confidentiality of ballots is guaranteed in Singapore, Low apparently mentioned the PAP's gerrymandering.

⑨ Every time general elections are held at five-year intervals, many constituencies are redistricted to benefit the ruling party. Citing the constant demographic changes in the city-state of immigrants, the governing party abolishes, creates, divides and merges constituencies. But it has not always been clear what criteria are used for redrawing electoral boundaries. A committee comprising members appointed by prime minister crafts and implements redistricting plans.

語句）tactic 戦略、the biggest battleground constituency 最大の激戦区、prevail （〜に）勝つ、manipulation 操作、poll 選挙、Secretary-General 書記長（＝党首）、single-seat constituency 小選挙区、adjacent 隣り合った、group representation constituency 集団選挙区、fiercely 激しく、contest 戦う、unseat 〜から退ける、incumbent 現職の

⑤ ゲリマンダリングの実行は、与党に有利に働くよう選挙区を再区画するという人民行動党の常套の選挙運動戦略だと思われる。しかし今年の総選挙最大の激戦区では、選挙区操作にも関わらず野党が勝利した。
⑥ 5 月の選挙の鍵を握った人物は、ラウ・ティアキアン労働者党書記長である。同氏は、1991 年からホウガン小選挙区で 4 期連続当選した。2011 年の選挙に向け、54 歳の労働者党書記長は隣接するアルジュニード集団選挙区に鞍替えし、同地を今年最大の激戦区にした。
⑦ ラウ氏は同選挙区で勝利し、現職のジョージ・ヨー（・ヨンブン）外相を失職に追いやった。1965 年の独立から人民行動党が議会の 90%超を支配してきたシンガポールにおいては、ラウ氏の偉業は空前の大事件となった。
⑧ ラウ氏は温厚な人物である。しかし投票集計法を非難するために声を荒げた過去もある。投票の機密性が保証されているところを見ると、どうやらラウ氏は人民行動党のゲリマンダリングに言及したようだ。
⑨ 5 年周期で総選挙が開催されるたびごとに、与党に有利に働くよう多くの選挙区が再区画される。移民国家の人口統計上の変化が続いていることを引き合いに出して、与党は選挙区を廃止、新設、分割、合併してきた。しかし、どのような基準で選挙区の線引きが見直されているのかは、必ずしも明確であったとは限らない。首相により任命されたメンバーからなる委員会が再区画案を作成し、施行するのである。

語句）Foreign Minister 外相、feat 偉業、parliament 議会、criticize ～を非難する、confidentiality 機密性、ballot 投票、guarantee ～を保証する、apparently どうやら～らしい、cite ～を引き合いに出す、demographic 人口学の、人口統計の、人口配置上の、immigrant 移民、govern ～を統治する、abolish ～を廃止する、merge ～を合併する、not always 必ずしも～とは限らない、criteria (criterion) 基準、boundary 境界、committee 委員会、comprise ～からなる、appoint ～を任命する、implement ～を施行する

⑩ When ballots are counted at several different counting stations of a constituency, it becomes clear which areas of the constituency have many opposition supporters. For this year's election, the Aljunied constituency was divided, with part of the areas that Low said were dominated by opposition voters in past elections merged into the prime minister's constituency, a stronghold of the PAP. Still, Low was victorious in the gerrymandered district.
⑪ The opposition party and its supporters were excited about the election returns, because democracy prevailed despite the government's gerrymandering. But, it is not the opposition camp but rather the PAP that appears to have been infused with fresh impetus after the elections; the PAP-led government was quick to feel the change in voter sentiment and show flexibility to meet new challenges.
⑫ The PAP decided to cut minister salaries, which have been among the highest in the world and therefore bred resentment among the public. Minister Mentor Lee Kuan Yew and Senior Minister Goh Chok Tong — both former premiers — tendered their resignations from the cabinet right after the elections, with the aim of rejuvenating the cabinet.
⑬ Still, the government sticks to its fundamental economic policy to push for deregulation to attract the influx of people, money and goods from around the world, and consequently force its people to face tough competition.
⑭ Prime Minister Lee's favorite rhetoric goes: No matter how affluent Singapore becomes, we are not a tanker (like China) but a yacht floating on a vast ocean. Singapore must be a yacht of high caliber, controlled by those who astutely navigate the city-state's economy and politics.

July 18, 2011

語句) dominate ～を支配する、stronghold 本拠地、election returns 開票結果、opposition camp 野党陣営、infuse ～を吹き込む、impetus 勢い、sentiment 意見、flexibility 柔軟性、適応性、breed (-bred - bred) ～を産む、resentment 怒り

⑩ 1 選挙区内のいくつかの異なる集計所で開票作業がおこなわれると、選挙区のどのエリアに野党支持派が多いのかが明らかになる。今年の選挙のため、アルジュニード選挙区は分割され、過去の選挙では野党支持派の有権者が占めていたとラウ氏が述べるエリアの一部が、人民行動党の本拠地である首相の選挙区に合併された。それにもかかわらず、ラウ氏はゲリマンダーされた地区で勝利を収めたのである。
⑪ 政府のゲリマンダーにもかかわらず民主主義が勝利したことにより、野党とその支持者たちは開票結果に沸き立った。しかし、選挙後にこれまでにない勢いを得たのは野党陣営ではなく、むしろ人民行動党であった。人民行動党主導の政府は俊敏に有権者の意識変化を察知し、新たな問題に対応する適応性をみせたのである。
⑫人民行動党は、世界最高水準にあり、それゆえに国民の怒りを生んでいた大臣報酬の削減を決定した。両者共に前首相であった、リー・クアンユー顧問相とゴー・チョクトン上級相は、内閣を若返らせるという目的で、選挙直後に辞任を申し出た。
⑬ しかし政府は、世界中からの人、資本、物品の流入に取り組む規制緩和を押し進める基本経済政策に固執している。その結果、国民は厳しい競争に直面せざるを得なくなっている。
⑭ リー首相のお気に入りの言葉はこうである。どれほどシンガポールが豊かになろうとも、私たちは（中国のような）タンカーではなく広大な海に漂うヨットである。シンガポールは格調高いヨットであり、洞察鋭く都市国家経済と政治を航行する者によって指揮されなければならない。

2011 年 7 月 18 日

語句）Minister Mentor 顧問相（内閣資政）、Senior Minister 上級相、premier 首相、tender ～を申し出る、resignation 辞任、cabinet 内閣、rejuvenate ～を若返らせる、stick to ～に固執する、deregulation 規制緩和、consequently その結果、no matter how どれほど～でも、affluent 豊かな、caliber 格調、品質、astutely 洞察鋭く、navigate ～を航行する

TRAINING

I. この語（句）だけは覚えよう！

<Step 1>

1. voter ______________________
2. tactic ______________________
3. manipuation ______________________
4. cite ______________________
5. merge ______________________
6. criterion ______________________
7. commitee ______________________
8. appoint ______________________
9. flexibility ______________________
10. consequently ______________________

<Step 2>

1. general election ______________________
2. unprecedented ______________________
3. ruling party ______________________
4. take measures ______________________
5. parliament ______________________
6. ballot ______________________
7. demographic ______________________
8. resignation ______________________
9. rejuvenate ______________________
10. deregulation ______________________

II. 要約力を高めよう！

1. シンガポールで長期政権を築いている人民行動党の選挙戦術はどのようなものか。
2. 2011年の総選挙でシンガポール労働者党はどのような展開を見せたか。
3. 総選挙後、逆に人民行動党が勢いを得た理由は何か。
4. 問3に関連して、人民行動党の再生の具体例を述べよ。
5. シンガポールの現政権が押し進める基本経済政策はどのようなもので、またそれはどのような問題点を孕んでいるか。

III. 文法力・構文把握力を高めよう！

1. Given that confidentiality of ballots is guaranteed in Singapore, / Low apparently mentioned the PAP's gerrymandering.（第 8 段落）

解説）given that 節「…を考えると」という意味 。参考として、provided (providing) that 節「もし…ならば」、supposing (suppose) that 節「もし…ならば」、in case＋節「…の場合に備えて」「…するといけないので」。

2. Every time general elections are held at five-year intervals, / many constituencies are redistricted to benefit the ruling party.（第 9 段落）

解説）「every time S V…, S' V' 〜」のかたちで「…するたびに〜」。

3. A committee / comprising members / appointed by prime minister // crafts and implements redistricting plans.（第 9 段落）

解説）主語は A committee…prime minister で、述語動詞は crafts と implements である。compromising members が A committee を修飾し、appointed…minister が members を修飾している。redistricting は plan を修飾する分詞である。

4. For this year's election, / the Aljunied constituency // was divided, / with part of the areas / that <Low said> were dominated by opposition voters in past elections / merged into the prime minister's constituency, a stronghold of the PAP.（第 10 段落）

解説）付帯状況の with は、「with＋名詞＋分詞」で「名詞が…して（されて）」という意味になる。part…elections を分詞 merged 以下が説明している。Low said が、areas を説明する関係詞節 that…elections に挿入されている。ここで注意すべきこととして、that は主格の関係代名詞であり、Low said ではなく were dominated…に対応している。

IV. ここに注目！

2011年10月24日付"Lee warns Eurozone crisis may hurt Asian economies"では、リー首相へのインタビューを掲載している。シンガポールはアジアで唯一のソブリン格付けAAAの国であり、財務健全性（fiscal soundness）を維持できている理由として、財政規律、倹約、税金の低さや教育への投資にもとづく長期の経済成長の維持などを挙げている。また、近年劇的に改善しているマレーシアとの2国間関係については、特に、旅行分野での協力が具体的に言及されている。そして、日本に対しては、地域の平和、安定の維持へ向け、相互関係を深め、強い統合された共同体を構築するために、TPPなどへの早期参加を呼び掛けた。

II. 要約力を高めよう！（解答）

1. 人民行動党に有利になるよう選挙区を再区画するゲリマンダーの実行。（第4・5・9段落）
2. ラウ・ティアキアン書記長を中心に、ゲリマンダー地区でも勝利を収めるなどし、6議席を獲得する躍進を見せた。（第2・10・11段落）
3. 人民行動党は、国民意識の変化を敏感に察知し、政治的再編に向けて即座に動きはじめたから。（第2・11段落）
4. 人民行動党は大臣報酬の削減を決定し、内閣を若返らせるためリー・クアンユー顧問相、ゴー・チョクトン上級相が辞任を申し出た。（第12段落）
5. 人民行動党政権は、対外政策において規制緩和を押し進めているが、それは国民に熾烈な競争を強いる結果になってしまう。（第13段落）

略語一覧

（本書で言及したもの）

AIFS　(Africa-India Forum Summit)：　アフリカ・インド・フォーラム・サミット
AU（African Union）：アフリカ連合
CEO（Chief Executive Officer）：最高経営責任者
CPC（Communist Party of China）：中国共産党
CPPCC（Chinese People's Political Consultative Conference）：中国人民政治協商会議
CSR（China South Locomotive & Rolling Stock Corp）：中国南車（鉄道車両メーカー）
DRC（Development Research Center of the State Council）：（中国）国務院発展研究センター
EMS（electronics manufacturing services）：　電子機器受託製造サービス
FTA（Free Trade Agreement）：自由貿易協定
GDP（gross domestic product）：国内総生産
Gov.（governor）：知事
IM（Instant Messenger）：チャットなどのインスタント・メッセンジャー
IMF（International Monetary Fund）：国際通貨基金
LCC（low-cost carrier）：格安航空会社
METI（Ministry of Economy, Trade and Industry）：経済産業省
NDRC（National Development and Reform Commission）：（中国）国家発展改革委員会
NEA（National Energy Administration）：（中国）国家エネルギー局
NGO（nongovernmental organization）：　非政府組織
NPC（National People's Congress）：（中国）全国人民代表大会，全人代
PAP（People's Action Party）：（シンガポール）人民行動党
PM（Prime Minister）：首相
PRC（People's Republic of China）：中華人民共和国
R&D（Research and Development）：研究開発
SE（Southeast）　Asia：　東南アジア
TPP（Trans-Pacific Partnership）：環太平洋戦略的経済連携協定
TOB　(Take Over Bid)：　株式の公開買い付け制度
UNSC（United Nations Security Council）：国連安全保障理事会
WP（Worker's Party）：（シンガポール）労働者党

執筆者紹介

編者、本書の使い方、Hot Topic、各章のIV
川村　亜樹（かわむら　あき）
編著者参照

Chapter 1〜3（IVを除く）
佐々木　郁子（ささき　いくこ）
大阪大学、近畿大学、京都造形芸術大学非常勤講師
大阪大学大学院博士後期課程修了
博士（言語文化学）
主な著書・論文に、『ロマンティック・エコロジーをめぐって』（共著、英宝社、2006年）、“The ‘Mute Companion’: Wordsworth and Animal Welfare in The White Doe of Rylstone”（ASLE-Japan/文学・環境学会『文学と環境』第12号、2009年）など

Chapter 4〜6（IVを除く）
石原　知英（いしはら　ともひで）
愛知大学経営学部助教
広島大学大学院博士課程後期修了
博士（教育学）
専門は英語教育学・教育的翻訳研究
主な論文に、「テクストジャンルによる翻訳プロセスの違い―内観報告の計量的比較分析―」（日本通訳翻訳学会『通訳翻訳研究』第10号、2010年）、“Developing an Analytic Evaluation Scale for English-Japanese Translation: Considering its Reliability Using Generalizability Theory”（全国英語教育学会Annual Review of English Language Education in Japan (ARELE) vol.20, 2009）など

Chapter 7〜9（IVを除く）
林　姿穂（はやし　しほ）
愛知大学語学教育研究室嘱託助教
滋賀大学大学院修士課程修了
修士（教育学）
豪ディーキン大学大学院修士課程修了
(Master of TESOL)
主な著書に、『VOAスペシャルイングリッシュで読む現代社会』（共著、三修社、2011年）、『いま始めようTOEICテスト』（共著、朝日出版社、2010年）

Chapter 10〜12（IVを除く）
久保　公人（くぼ　きみひと）
大阪大学、大阪教育大学、相愛大学非常勤講師
大阪大学大学院博士後期課程単位取得退学
主な著書・論文に『ヘミングウェイ大事典』（共著、勉誠出版社、2012年）、「船出する作家と背骨の収穫―The Old Man and the Seaのメタフィクション性」（日本アメリカ文学会関西支部『関西アメリカ文学』第45号、2008年）など

Chapter 13〜15（IVを除く）
森　瑞樹（もり　みずき）
大阪大学、京都外国語大学、佛教大学非常勤講師
大阪大学大学院博士後期課程単位取得退学
主な論文に、「未だ見ぬ風光へ―アメリカ的原風景と文学的想像力の躍動」（法政大学出版局『アメリカ演劇23』、2012年）、「黒い創世記の語り部―オーガスト・ウィルソンの芸術と創造性」（法政大学出版局『アメリカ演劇22』、2011年）など

シリーズ監修者

杉田（すぎた） 米行（よねゆき）　大阪大学言語文化研究科准教授

編著者紹介

川村　亜樹（かわむら　あき）

愛知大学現代中国学部准教授
大阪外国語大学大学院博士後期課程修了
博士（言語文化学）

主な著書・論文

『英字新聞「日経ウィークリー」活用法２』（共著、大学教育出版、2011年）、『トータル・イングリッシュ』（共著、大阪大学出版会、2009年）、“Total English Training through Presentations for Japanese Students”（Proceedings of the 2nd Gyeonggi International Teachers' Conference in Korea, 2010）など

研究室ホームページ：http://poptheglobe.com

ASシリーズ 第４巻

英語で現代中国・アジアを多角的に読む
――The Nikkei Weeklyを活用した
プラクティカル・イングリッシュ・トレーニング――

2012年４月20日　初版第１刷発行

■編 著 者―― 川村亜樹
■発 行 者―― 佐藤　守
■発 行 所―― 株式会社 大学教育出版
〒700-0953　岡山市南区西市855-4
電話（086）244-1268㈹　FAX（086）246-0294
■印刷製本―― モリモト印刷㈱

ISBN978-4-86429-126-2